nordportugal

Individuelles Reisen durch Portugals Norden

Nordportugal

Parque Natural de Montezinho

Bragança

Chaves

Mirandela

Trás-os-Montes

Miranda de Douro

Rio Douro

Spanien

Vilar Formoso

Guarda

© Bernd Lübbers, Bremen
4. aktualisierte Auflage 2020
Alle Rechte vorbehalten
Text, Satz, Gestaltung, Fotos & Grafik:
Bernd Lübbers
Alle Angaben sind ohne Gewähr
© 2020
Herstellung und Verlag:
BoD – Books on Demand, Norderstedt
ISBN: 978-3-7504-4210-8

Inhalt

Nordportugal

Zwischen Nord- und Südportugal gibt es keine genaue geographische Grenze. Ich habe mich auf das Gebiet zwischen Guarda, der höchst gelegenen Stadt Portugals am Rande der Serra da Estrela, und dem Rio Minho, der nördlichen Grenze des Landes, konzentriert.

Hier liegt die „Wiege" Portugals. Der Rio Minho bildet die Grenze zwischen Portugal und Spanien. Sie gilt als die älteste Staatsgrenze Europas.

Die Mauren, die Portugal über fünf Jahrhunderte lang beherrschten, konnten diesen Landstrich nie ganz erobern und schließlich begann von hier mit dem Sieg von Afonso Henriques 1139 bei Ourique über die Besatzer, die christliche Rückeroberung des Landes. Er gründete noch im selben Jahr das Königreich Portugal und machte Guimarães zum Regierungssitz.

Heute ist der Nordwesten das wirtschaftliche Zentrum Portugals, während es im Nordosten des Landes noch etwas gemächlicher zu geht.

Wenn man mal von Porto absieht ist der Norden Portugals bisher weitgehend vom Massentourismus verschont geblieben. Obwohl es eine gute touristische Infrastruktur gibt, findet man Ballermann & Co. hier eher selten.

Reisende in dieser Gegend sind überwiegend diejenigen, die sich für die Kultur, die Menschen und die Natur in diesem Land interessieren.

Über dieses Buch

Da Porto mit Abstand die wichtigste Stadt im Norden und eine der bedeutesten im ganzen Land ist, habe ich mich hier etwas ausführlicher über die Nordmetropole ausgelassen.

Die meisten Reiseführer über Portugal sind sehr auf Reisende ausgerichtet, die mit dem eigenen oder einem Mietwagen unterwegs sind. Was durchaus seine Berechtigung hat, denn gerade in Portugal, mit einer Fläche von 92345 km² – das ist nur wenig mehr als z.B. Bayern und Thüringen zusammen –, sind die Distanzen nicht sehr groß. Wer es eilig hat und gerne im Auto sitzt, kann in relativ kurzer Zeit relativ viel sehen. Dazu kommt noch, dass viele Orte mit öffentlichen Verkehrsmitteln nur schwer oder gar nicht zu erreichen sind.

Was aber machen die, die gar nicht Auto fahren können oder wollen? Vor allem für sie, aber natürlich auch für alle anderen Interessierten ist dieser Reiseführer geschrieben.

Hier finden Sie viele Tipps, wie man den Norden Portugals mit Bahn, Bus, Taxi oder Schiff bereisen kann. Das dauert zwar manchmal etwas länger, dafür verzichtet man aber auf Staus und Stress.

Auf Wegbeschreibungen für den Individualverkehr habe ich allerdings verzichtet - schließlich kann heute fast jeder eine Autokarte lesen oder ein Navi programmieren und Portugal ist nicht die Sahara.

Wie eingangs schon erwähnt, habe ich mich auf das Gebiet zwischen Guarda, am Rande der Serra da Estrela, und der nördlichen Grenze Portugals, dem Rio Minho, konzentriert.

Hier findet man mit die schönsten Landschaften Portugals und kann fernab ausgetretener Touristenpfade dieses wunderschöne Land und seine großartigen Menschen genießen.

Die An- und Einreise

Von Deutschland aus ist die schnellste Verbindung nach Portugal natürlich das Flugzeug. Wer nicht nur den Norden bereisen möchte, für den bietet es sich an, einen Flug nach Faro an der Algarve zu buchen. Obwohl Faro von Deutschland, Österreich und der Schweiz aus weiter entfernt ist als Porto oder Lissabon, sind die Flüge dorthin meist günstiger. Wer mit Linie nach Porto oder Lissabon fliegt, hat auch die Möglichkeit, Gabelflüge zu buchen, z.B. auf dem Hinflug nach Porto und zurück von Lissabon oder umgekehrt.

Wer lieber mit dem eigenen Wagen oder der Bahn fährt, hat nach Portugal eine lange, aber durchaus reizvolle Reise vor sich *(siehe auch: Seite 9, Unterwegs ...)*.

Für Freunde der echten Reisestrapaze empfiehlt sich die Fahrt mit dem Bus, z. B. Hamburg – Porto, ca. 36 Std. nonstop.

Einreiseformalitäten
Seit 1986 ist Portugal Mitglied der EU und dem Schengen-Abkommen, das den freien Grenzverkehr in den Mitgliedstaaten regelt, beigetreten. Besondere Einreiseformalitäten brauchen Deutsche und Österreicher also nicht zu beachten. Für Schweizer reicht bei einem Aufenthalt von bis zu 90 Tagen die nationale Identifikationskarte. Diese bzw. einen Personalausweis oder Reisepass müssen allerdings auch Deutsche und Österreicher immer dabei haben.

Klima und Reisezeit

In den Monaten Juli, August und September, für Porto kann noch der Oktober hinzugenommen werden, sind in Nordportugal die meisten Touristen unterwegs. Daher ist es ratsam, sich frühzeitig um eine Unterkunft zu kümmern.

Das Klima

Das Klima in Nordportugal unterscheidet sich wesentlich vom Süden des Landes. Während an der Algarve das Klima mediterran ist, hat der Norden sein ganz eigenes Wetter.

Im Nordosten herrscht praktisch kontinentales Klima mit heißen Sommern und kalten Wintern, im vom Atlantik beeinflussten Nordwesten ist das Klima hingegen etwas ausgewogener.

Reisezeit

Die beste Reisezeit für Nordportugal sind die Monate Mai, Juni, September und Oktober. Während man es im Nordwesten in den Sommermonaten Juli und August durch die kühle Brise, die meist vom Atlantik her weht, durchaus noch aushalten kann, ist es im Nordosten definitiv zu heiß.

Ein Sprichwort sagt über das Wetter im Nordosten: neun Monate Regen und drei Monate Hölle. Wenn das im Hinblick auf den Regen auch etwas übertrieben ist, in den Monaten Juli und August können hier die Temperaturen bis zu 50° Celsius ansteigen.

Im Winter ist es im ganzen Norden meist feucht und regnerisch und in den Bergen kann es sogar schneien.

Mit Regen sollte man in Nordportugal aber zu allen Jahreszeiten rechnen und entsprechende Vorkehrungen treffen.

Weitere Informationen über das Klima in Portugal und aktuelle Wetterberichte finden Sie im Internet unter www.nordportugal.de oder www.wetteronline.de.

Unterwegs in Portugals Norden

Wer in Nordportugal reist, sollte vor allem Zeit mitbringen. Abgesehen von der grandiosen Landschaft, ist praktisch jeder größere Ort sehenswert ebenso viele kleine.

Obwohl die meisten Menschen in Portugal christlichen Glaubens sind, gilt hier in ganz besonderem Maße die buddhistische Weisheit „Der Weg ist das Ziel". Er führt den Reisenden durch Landschaften, die unterschiedlicher kaum sein könnten.

Schroffe Bergketten, endlose Sandstrände, grüne Flusstäler, Weinberge und Seenlandschaften begegnen dem neugierigen Reisenden. Ebenso Burgen, Paläste und Wallfahrtsorte.

Der Nationalpark Peneda Gerês und die Serra da Estrela sind die richtigen Orte, um die Wanderschuhe auszupacken und in den zahlreichen Thermalbädern des Nordostens kann man stilvoll regenerieren.

Nicht zuletzt Porto, die etwas andere Großstadt, in der Modernes und Altes eine unvergleichliche Synthese eingehen, ist für sich schon eine Reise wert.

Mit dem Auto

Wer gerne Auto fährt, aber nicht mit dem eigenen Wagen unterwegs ist, für den ist es durchaus eine Alternative, mittels Mietwagen das Land zu erkunden.

Vielleicht haben die drastischen Bußgelder auch für kleinste Verkehrsvergehen dazu beigetragen, dass sich der Ruf der portugiesischen Autofahrer in den letzen Jahren stark verbessert hat, sie galten lange Zeit als die schlechtesten Westeuropas.

Auf den Hauptrouten sind die Straßen in gutem Zustand, und außer bei der Parkplatzsuche, herrschen geradezu paradiesische Verhältnisse. Überall, wo man mit seinem Auto hindurchpasst, darf man in der Regel auch fahren. Sogar Fußgängerzonen kann man zu bestimmten Zeiten passieren. Sicher vor Autos ist man nur auf Wanderwegen und Wasserstraßen. Das sind natürlich rein subjektive und wissenschaftlich nicht erwiesene Beobachtungen.

Viele Reiseveranstalter bieten kombinierte Reisen mit Flug und Mietwagen an – interessant für Reisende, die ihren gesamten Urlaub mit einem Mietwagen verbringen möchten.

Da die Autobahngebühren für portugiesische Einkommen relativ hoch sind, hat man außer in der Nähe großer Städte meistens freie Fahrt.

Hochgeschwindigkeitszug Alfa Pendular

Mit der Bahn

Wie überall wurde in den letzten Jahren auch in Portugal das Bahnnetz, vor allem auf den Nebenrouten, stark ausgedünnt. Die alten Schmalspurstrecken sind fast gänzlich verschwunden. Aber dennoch ist die Bahn auf vielen Strecken die mit Sicherheit bequemste Art, das Land zu bereisen. Fast alle größeren Orte und auch viele kleine sind gut und preisgünstig mit dem Zug zu erreichen.

In Portugal gibt es verschiedene Arten von Zügen, die unterschiedlich schnell und teuer sind. Sie heißen: Alfa Pendular, Intercidades, Regional und Suburbano. Der teuerste und schnellste ist der Alfa Pendular. Mit ihm rauscht man z.B. in 3,5 Stunden von Porto nach Lissabon. Für diesen Zug benötigt man eine Reservierung, die aber im Fahrpreis enthalten ist.

Der günstigste Zug ist der Suburbano ähnlich den S-Bahnen z.B. in Deutschland. Er ist supermodern und hält auch in allen kleinen Orten. Die Fahrscheine für diesen Zug muss man vor der Fahrt am Bahnsteig entwerten.

Fahrpläne hängen in den Bahnhöfen aus. Mancherorts kann man auch kleine Fahrpläne für einzelne Strecken bekommen. Sofern vorhanden müssen Fahrkarten immer am Bahnhofsschalter oder Automaten gelöst werden (*siehe auch: Von Porto nach ... Seite 34*).

Mit dem Bus

Portugal hat ein gut ausgestattetes und preiswertes Bussystem. Mit Bussen kann man selbst noch die kleinsten Orte erreichen, und die Verbindungen sind in der Regel ausreichend. Verspätungen sollte man zwar einkalkulieren, aber sie halten sich in Grenzen.

Die meisten größeren Orte haben einen zentralen Busbahnhof, der sich aber nicht immer in zentraler Lage befindet (*siehe auch: Von Porto nach ... Seite 34*).

Am Wochenende und vor allem an Sonn- und Feiertagen sind die Verbindungen mit Bus und Bahn allerdings spärlich. Wer kein eigenes Fortbewegungsmittel besitzt, bleibt zu diesen Zeiten besser in Fußnähe zu seinem Hotel. Das spart Zeit, Nerven und Frusterlebnisse.

Mit dem Fahrrad

Mittlerweile haben auch die Portugiesen das Fahrrad als Fortbewegungsmittel entdeckt und mancherorts gibt es sogar in Städten Fahrradwege. Viel interessanter sind allerdings einige gut ausgebaute Fernradwanderwege z. B. an den Flüssen Minho und Lima. In Nahverkehrszügen kann man sein Fahrrad transportieren und es gibt in vielen Orten Fahrradverleihe.

Auch mit Reiseveranstaltern, die geführte Radtouren anbieten, kann man mittels Drahtesel das Land erkunden.

In Städten und auf kurvigen Landstraßen, vor allem in den Gebirgsregionen, ist Fahrradfahren in Nordportugal allerdings immer noch ein echtes Abenteuer.

Mit dem Flugzeug

Für ganz Eilige besteht natürlich auch in Portugal die Möglichkeit, das Inland zu überfliegen. Es gibt täglich Verbindungen zwischen Porto und Lissabon und von Lissabon an die Algarve, nach Madeira und auf die Azoren.

Die Gesellschaft

Wenn man als Besucher mit dem Blick von außen die Gesellschaft eines Landes beschreibt, geschieht das zumeist aus einer subjektiven Sichtweise. Hier also nur der Versuch, die Verhältnisse kurz zu umschreiben. Die Mentalität der Portugiesen könnte man kurz umrissen als eine Mischung aus südlicher Lebensfreude und nordischer Gelassenheit bezeichnen.

Dem ausländischen Touristen begegnen die Menschen in Nordportugal in der Regel mit distanzierter Freundlichkeit, aber auch mit Gastfreundschaft und Hilfsbereitschaft. Ansonsten ist es hier wie vielerorts, wo der Tourismus eine wichtige Einnahmequelle darstellt: Man freut sich, wenn die Fremden kommen, ist aber auch froh, wenn sie wieder weg sind.

Hing man früher am liebsten über der Gitarre und sang traurige Lieder von längst vergangenen und besseren Zeiten,

In Aveiro: Crafitty. Unten: Braça Republica

so hat sich das Lebensgefühl der Portugiesen in den letzten Jahren sehr gewandelt. Zwar singt man immer noch gerne den Fado, die traditionelle Musik, der diese meist schwermütigen Lieder entstammen. Aber selbst der Fado hat moderne Formen angenommen mit vielen Einflüssen aus Jazz und Weltmusik.

Wohl kaum ein Land in Westeuropa hat sich in den letzten 30 Jahren so verändert wie Portugal. Seit es 1986 in die EU aufgenommen wurde, herrscht Aufbruchstimmung. Obwohl es immer noch viel Armut gibt und nach wie vor viele Portugiesen ihr Geld im Ausland verdienen, ist der „Aufschwung" überall sichtbar. Es gibt viele, meist neue Autos. Hochgeschwindigkeitszüge sausen durch die Landschaft. Man telefoniert mit dem Mobiltelefon und surft im Internet.

Zwar hat die letzte Eurokrise das Land wieder zurückgeworfen aber niemand zweifelt daran, dass Portugal wieder in die Spur kommt.

Das alte Sprichwort „Portugal ist Lissabon und der Rest ist Landschaft" trifft schon lange nicht mehr zu, am wenigsten auf den Norden, was für touristische Belange allerdings meist weniger von Vorteil ist.

Im Großraum Porto, der mittlerweile über eine Million Einwohner zählt, wachsen die kleinen Orte mit der Metropole langsam zusammen, was leider nicht gerade zur Verschönerung der Landschaft beiträgt.

Informationen
für Touristen

Touristeninformation im Flughafen von Porto

Informationsbüros für Rat suchende Touristen heißen in Portugal *Posto de Turismo* oder einfach nur *Turismo*, wobei das *s* wie *sch* ausgesprochen wird. Mancher Orts sind sie auch interaktiv und tragen den Namen „Tourism Interactive".

Turismo-Büros findet man in allen Orten Portugals, die von touristischem Belang sind. In der Regel befinden sie sich an zentralen Stellen und mit Hilfe von Wegweisern sind sie normalerweise leicht zu finden. Die hilfsbereiten Angestellten sprechen außer Portugiesisch meistens auch Englisch, Französisch oder Spanisch.

Man bekommt Informationen über Sehenswertes im Ort und in der Region, Adressen von Hotels und Pensionen *(manchmal auch mit Preisen)* sowie kleine Stadtpläne vom Ort und Landkarten der Umgebung. Fahrpläne von Bus und Bahn, Broschüren mit kulturellen Veranstaltungen etc. erhält man dort ebenfalls. Wo es Karten für bestimmte Konzerte, Theater oder andere Veranstaltungen gibt, kann man hier auch erfahren – kurz: Das Turismo informiert über alles, was das Touristenherz begehrt.

Wer auf der Suche nach einem Hotel ist, kann hier in der Regel auch sein Gepäck abstellen. Es wird aber nicht überall erlaubt, denn Touristenbüros sind natürlich auch in Portugal keine offiziellen Gepäckaufbewahrungsorte.

Manche Touristenbüros sind auch in Sehenswürdigkeiten untergebracht, z.B. das Turismo von Ponte de Lima *(siehe auch: Ponte de Lima, Seite 67)*.

Der Service ist allerdings nicht überall einheitlich gut und lässt manchmal auch zu wünschen übrig.

Die Hinweise auf Turismo-Büros sind in diesem Buch mit einem *i* gekennzeichnet, welches eine Anlehnung an das offizielle Logo des „Posto de Turismo" in Portugal darstellt.

Turismo in Porto: Tel. + 22 3393470, Fax: + 22 332 33 03, siehe auch: Wohnen in Porto, Seite 30

Touristeninformation Welcome Center an der Praça de Almeida Garret

Dünenlandschaft bei Espinho

Die Landschaft

Während im Nordwesten an der Atlantikküste das Auge des Betrachters von endlosen Sandstränden verwöhnt wird, ist der östliche Teil Nordportugals von Gebirgslandschaften geprägt.

Viele Flüsse durchziehen die Höhen und Täler und sorgen somit dafür, dass Grün die vorherrschende Farbe der Landschaft ist.

Nicht nur an den Hängen der Flusstäler des Rio Minho und Douro, wo Sonne, Regen und fruchtbarer Boden den dort angebauten Wein verwöhnen, auch im Nationalpark da Peneda-Gerês mit seinen zahlreichen Stauseen strahlt die Landschaft fast das ganze Jahr über in saftigem Grün.

Die Ausnahme bildet das Gebiet des Trás-os-Montes, vor allem im Sommer, wenn die Sonne das Land bei Temperaturen von bis zu 50° verdorren lässt.

Vorsicht, Waldbrände!
Alle Jahre wieder brennt im Sommer in Portugal der Wald. Davon bleibt auch der Norden nicht verschont. Die Ursache der Brände ist meist natürlicher Art, aber auch Brandstiftung und Unachtsamkeit wie sorglos weggeworfene Zigarettenkippen lösen Katastrophen aus. Also Vorsicht bitte!

Der Stausee von Caniçada im Nationalpark Peneda Gerês

Ankunft in Porto

Mit dem Auto

Mit dem Auto fahren nach Porto nur Einheimische, Taxifahrer oder „Verrückte". Wer sich hier nicht auskennt und auf sein Auto nicht verzichten mag, benötigt ein Navigationsgerät, einen guten Stadtplan oder eine Anfahrtsbeschreibung zu seinem Hotel. Von Süden kommend erreicht man die Stadt über eine der drei großen Autobrücken. Über die Avenida da Republica (EN 1) gelangt man zur Brücke „Ponte de Dom Luís I." mitten ins Stadtzentrum und hinein ins Verkehrschaos. Den Stadtteil Foz *(siehe auch: Seite 31)* erreicht man am besten über die IC 1 zur Brücke „Ponte de Arrábida". Wer in den Osten Portos, etwa zum Estádio do Dragão möchte, erreicht diesen über die IC 23 zur Brücke „Ponte do Feixo".

Ist man wider Erwarten dann dort, wo man hinwollte, trifft man mancherorts junge Männer, die einen in eine Parklücke einweisen. Sie erwarten dafür ein Trinkgeld, allerdings ist es ihnen dabei egal, ob man dann im Halteverbot steht oder nicht.

Mit der Bahn

Bahnfans kann man mit gutem Gewissen durchaus die Bahnreise z.B. von Deutschland nach Porto empfehlen. Es ist zwar teurer als mit dem Flugzeug aber für Liebhaber und für Leute mit Flugangst eine echte Alternative.

Auskünfte und Fahrkarten erhält man bei der Deutschen Bahn. Für die durch Spanien fahrenden Züge ist immer eine Platzreservierung erforderlich

In Porto gibt es zwei Fernbahnhöfe, Campanhã und São Bento. Der zentral gelegenere ist São Bento mitten in der Altstadt *(siehe auch: Seite 21)*, aber auch vom internationalen Bahnhof Campanhã, der etwas außerhalb gelegen ist, kommt man schnell mit U-Bahn oder Bus ins Zentrum *(siehe auch: Von Porto nach ..., Seite 34)*

Mit dem Bus

Da es in Porto keinen zentralen Busbahnhof gibt, ist der Ankunftsort davon abhängig, mit welcher Busgesellschaft man unterwegs ist. Die meisten Busterminals befinden sich aber in zentraler Lage *(siehe auch: Von Porto nach ..., Seite 34)*

Mit dem Flugzeug

Direktflüge nach Porto gibt es von Deutschland aus mit Lufthansa oder TAP ab Frankfurt oder München. Auch Ryanair bietet von einigen Standorten aus Direktflüge an.

Im Flughafen in Porto befindet sich gleich in der Ankunftshalle eine Touristeninformation, bei der man gegebenenfalls Fahrkarten für den öffentlichen Nahverkehr und viele nützliche Informationen erhält *(siehe auch: Seite 12)*.

Die schnellste und preisgünstigste Art, vom Flughafen ins Zentrum zu kommen, ist mit der neuen U-Bahn, wenn sie zwischendurch nicht gerade ausfällt.

Der Flughafen in Porto ist zwar nur ca. 15 km vom Stadtzentrum entfernt, aber mit dem Auto oder Taxi kann es je nach Tageszeit schon mal eine Stunde oder länger dauern, bis man dort ist, wo man hinmöchte *(siehe auch: Mit dem Taxi in Portugal, Seite 84)*.

Porto

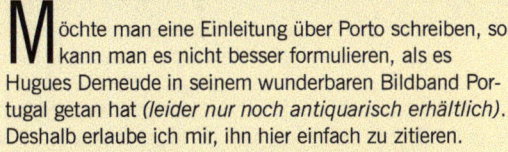

Möchte man eine Einleitung über Porto schreiben, so kann man es nicht besser formulieren, als es Hugues Demeude in seinem wunderbaren Bildband Portugal getan hat *(leider nur noch antiquarisch erhältlich)*. Deshalb erlaube ich mir, ihn hier einfach zu zitieren.

„Es sind natürlich Portos Bewohner, die dieser Stadt ihren unverwechselbaren Charakter geben – seit Generationen, seit der Zeit, als die Grafschaft Porto sich anschickte, einmal Portugal zu werden. Dass Porto diesem Land seinen Namen gab, macht deutlich, dass in dieser Stadt die eigentlichen Wurzeln Portugals liegen und Portos Bürger die wirklichen Baumeister dieses Staates sind.“

O Porto, die einzige Stadt des Landes mit einem Artikel … Portus Cale *(„Der gute Hafen“)* nannten die Römer die keltische Siedlung, die sie hier, an der Flussmündung des Douro in den Atlantik, vorfanden.

Heute ist Porto eine moderne Metropole, in der das Alte nach wie vor seinen Platz hat. Mit ihren etwa 270.000 Einwohnern (über 1 Mio im Großraum) bildet die Stadt das Wirtschaftszentrum des Nordens. Für viele ist Porto die heimliche Hauptstadt des Landes, was die Lissaboner natürlich anders sehen. In jedem Fall ist Lissabon weit weg, manche behaupten sogar, dort wäre bereits Afrika. Außerdem hat man hier schon immer das getan, was man wollte. Nicht einmal der König hatte ein eigenes Schloss zur Verfügung, wenn er in der Stadt zu Besuch war. Er musste als Gast mit dem Bischofssitz vorlieb nehmen. Ein viel zitiertes Sprichwort lautet: *„In Porto wird gearbeitet, in Coimbra studiert, in Braga gebetet und in Lissabon gibt man das Geld aus.“*

Für den Besucher haben natürlich beide Städte ihren speziellen Reiz und sind allemal eine Reise wert.

Wir überlassen es am besten den Portugiesen, über ihre „Hauptstädte“ zu streiten, und widmen uns erst einmal der heimlichen …

Sehenswertes in Porto

Porto ist zweifellos eine besondere Stadt und wer sich die Mühe macht die Stadt mit ihrer Vielfalt zu erforschen wird sie so schnell nicht wieder vergessen.

Der „durchschnittliche" Tourist bleibt maximal drei Tage in Porto, was natürlich viel zu kurz ist, um alle Sehenswürdigkeiten zu besuchen.

In Porto gibt es 18 Museen, 19 Kirchen, 17 Monumente, zwei sehenswerte Brücken einen Sea Live Center und viele interessante Straßen und Plätze. Man muss sich also entscheiden. Nicht zuletzt ist Porto eine Stadt, die jede Menge Kultur, Konzerte, Ausstellungen etc. zu bieten hat.

Da es sehr schwierig ist, Empfehlungen zu geben – denn was ich interessant finde, interessiert andere vielleicht überhaupt nicht und umgekehrt – habe ich versucht, die hier aufgeführten Sehenswürdigkeiten möglichst neutral zu beschreiben. Zugegebenermaßen ist mir das nicht immer gelungen.

Wer Porto zu Fuß entdecken möchte, was zu empfehlen ist, dem sei gutes Schuhwerk angeraten, denn die Stadt macht es dem Fußgänger nicht leicht. Steil geht es von der Uferstraße Cais da Ribeira hoch zu Portos Prachtstraße Avenida dos Aliados, und wer von hier aus die östliche oder westliche Innenstadt besichtigen möchte, hat noch einmal einen Anstieg vor sich. Ist man oben, so muss man irgendwann auch wieder hinunter, und so geht es immer weiter, denn Porto ist im Wesentlichen auf zwei Hügeln errichtet.

Aber lassen Sie sich nicht gleich entmutigen. Mit der Kombination aus gutem Schuhwerk, Bus und U-Bahn kann man die Stadt wirklich am besten erkunden *(siehe auch: Nahverkehr und Portocard, Seite 28)*.

Für bequeme Zeitgenossen besteht natürlich auch die Möglichkeit, die Stadt mittels Stadtrundfahrt *(siehe auch: „yellow bus" Seite 28)* oder mit dem Auto zu erforschen. Wer Stress, Staus und das Anfahren am Berg liebt, dem sei letztere Methode sogar wärmstens empfohlen.

*Cais da Ribeira
Linke Seite:
Verlassenes
Haus in Porto
Unten: Rua do
Carmo*

Von der Cais da Ribeira

Es ist sicherlich keine schlechte Idee, Porto erst einmal von „unten" auf sich wirken zu lassen, das heißt von der Cais da Ribeira (1) aus. Die Cais da Ribeira ist die Uferstraße der Altstadt Portos. Hier reihen sich Restaurants, Bars, Kneipen und Cafés für jeden Geschmack aneinander. Jeder, der hierher kommt, findet seinen Platz. Es ist zwar ein sehr touristischer Ort, aber das tut dem Ganzen keinen Abbruch.

Flussaufwärts erblickt man die grandiose Brücke „Ponte Luís I." und links die Ribeira, einen der Stadtteile, die zum Weltkulturerbe der UNESCO gehören. Am gegenüberliegenden Flussufer liegt Portos Nachbarstadt Vila Nova de Gaia, kurz Gaia genannt. Hier haben sich die Portweinkellereien, von denen man die meisten besichtigen kann, niedergelassen. Ist man schon mal am Cais da Ribeira, sollte man auf keinen Fall der Versuchung widerstehen, über die Brücke D. Luís I. nach Gaia zu spazieren.

Von Gaias Ufer aus hat man einen wunderschönen Blick auf Porto und die bunten Häuserfassaden der Cais da Ribera. Wer jetzt noch bei Kräften ist, für den lohnt sich der Aufstieg zum ehemaligen Kloster „Mosteiro da Serra do Pilar" auf der flussaufwärts gewandten Seite der Av. da República. Für die kleine Strapaze wird man mit einem grandiosen Blick über die Stadt und den Fluss belohnt. Alternativ kann man sich den Besuch dieses Ausblickpunktes auch für später aufheben *(siehe auch: Die Kathedrale Sé auf Seite 27)* und erstmal eine Bootsfahrt auf dem Douro buchen oder eine der zahlreichen Portweinkellereien besuchen *(siehe auch: Portwein, Seite 33)*.

Von Gaias Kai sowie auch vom Cais da Ribeira aus gibt es die so genannten

Stadtplan Porto, südwestliche Innenstadt

1 Cais da Ribeira
2 Ponte de D. Luís I.
3 Igreja de S. Francisco
4 Palácio da Bolsa
5 Mercado Ferreira Borges

6 Bahnhof São Bento
7 Praça da Liberdade
8 Rua das Flores
9 Igreja Torre dos Clérigos
10 Pr. Parada Leitão

11 Terreiro da Sé
12 Igreja de Santa Clara
13 Casa do Infante
14 Bishophs Palast
15 Avenida Dos Aliados

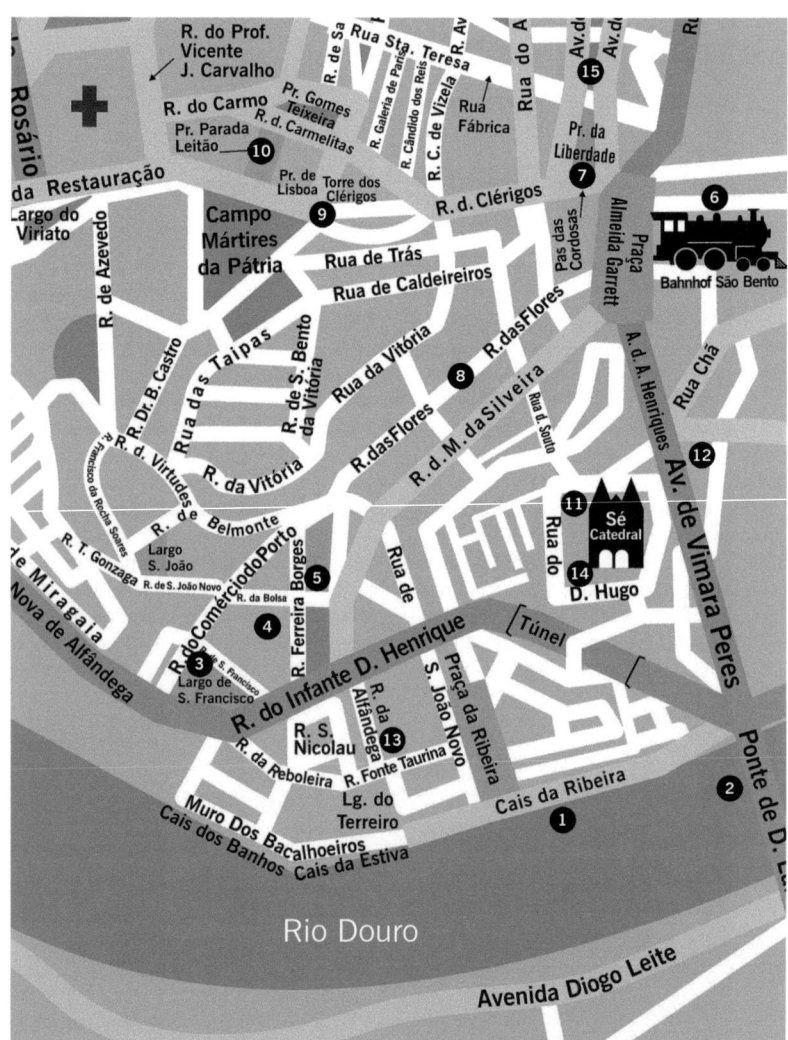

Auf dem Douro
Unten: Komplex des
Ordens „Venerável
Ordem Terceira de
S. Francisco"

Sechs-Brücken-Fahrten *(Cruzeiros das seis Pontes)*. Hier wird man für ca. 15 EUR unter den sechs Brücken, die den Douro bei Porto überspannen, entlang geschippert und fährt dabei bis zur Flussmündung. Sehr zu empfehlen! *(Siehe auch: Flussfahrten auf dem Douro, Seite 28)*

Wer vom Cais da Ribeira aus lieber das diesseitige Ufer erkunden möchte, der kann flussabwärts bis zur Flussmündung laufen. Auf dem Weg dorthin findet man direkt am Fluss einige Restaurants und Bars, die man allerdings auch braucht, wenn man den ganzen Weg überstehen will. Dieser Spaziergang ist allerdings nur für hartgesottene Pflastertreter geeignet es sind ca. 6 km die man bis zur Flussmündung überwinden muss.

Nicht ganz so weit entfernt, im Getümmel der Straßen Richtung Rua da Bolsa, befinden sich einige der wichtigsten Sehenswürdigkeiten Portos.

Geschichtsinteressierte finden in der Rua da Alfândega die **Casa do Infante** (13). Die Casa ist das Geburtshaus Heinrich des Seefahrers, ehemaliges Zollamt und Münzprägerei.

Bergan auf der gegenüberliegenden Straßenseite der Rua Infante D. Henrique befindet sich linker Hand die Igreja de São Francisco und etwas oberhalb davon der Palácio da Bolsa. Diese beiden Sehenswürdigkeiten, ganz besonders die Igreja de São Francisco, sind für jeden Besucher Portos Pflicht.

Igreja de São Francisco (3)

(14.-16. Jahrhundert.) Die Igreja de São Francisco gehört zum Komplex des Ordens „Venerável Ordem Terceira de S. Francisco" *(Dritter Orden des Heiligen Franziskus)*. Die Kirche ist gotischen Ur-

sprungs, hat aber im Laufe ihrer Entstehung mehrere Veränderungen erlebt.

Für viele gilt die Igreja de São Francisco als schönste Kirche Portos. Heute ist sie allerdings nur noch Museum und der Besucher muss Eintritt bezahlen. Von außen betrachtet eher schlicht und trutzig, verschlägt es einem im Innern den Atem. Hier glänzt auf fantastischen Deckenschnitzereien, Altären und Kanzeln das einst aus Brasilien geraubte Gold und zeugt vom vergangenen Reichtum Portugals. Über 200 kg Blattgold wurden verarbeitet und mehrere Holzschnitzer ihrer Zeit haben sich hier verewigt. Der bekannteste ist Francisco Pereira Campanhã, der zwischen 1764 und 65 die Kapelle „Unsere liebe Frau der Einsamkeit" geschaffen hat.

Im Eintrittspreis inbegriffen ist der Besuch des kleinen und durchaus interessanten Museums gegenüber. Im so genannten Kirchensaal sind Möbelstücke, Goldschmiedearbeiten, Skulpturen und Gemälde aus verschiedenen Epochen ausgestellt. Im Kellergewölbe darunter befindet sich ein alter Friedhof, der 1798 angelegt wurde.

Igreja de São Francisco Öffnungszeiten: November bis März: tägl. 9 – 12.30 und 14 – 17.30 Uhr, April bis Oktober: 9 – 12.30 und 14 – 18.30 Uhr.

Der Palácio da Bolsa (4)

Porto verfügt zwar über kein Stadtschloss, denn Adlige waren in der Arbeiter- und Handelsstadt nicht gern gesehen, dafür gibt es aber den Palácio da Bolsa.

Ein Besuch der Börse gehört zum Standardprogramm für Portobesucher, denn schließlich waren Kennedy und Lady Diana auch schon hier.

Der Palácio da Bolsa gehört zur Industrie- und Handelskammer Portos und wurde in der zweiten Hälfte des 19. Jahrhunderts auf den Ruinen des 1882 abgebrannten Nonnenklosters St. Francis errichtet.

Das Innere des zum Weltkulturerbe der UNESCO ernannten Palastes kann man nur mit einer Führung besichtigen. Der Eintritt ist nicht gerade billig, aber über Geld redet man hier nicht, das hat man.

Zu sehen bekommt man prachtvoll ausgestattete Räume aus verschiedenen Epochen, wie z.B. die Bibliothek mit über 10.000 Exemplaren und einem Deckengemälde von António Carneiro. Höhepunkt der Besichtigung ist der arabische Saal, ausgestattet im maurischen Stil – für die einen das Nonplusultra prachtvoller Raumgestaltung, für die anderen der Höhepunkt von geschmacklosem Kitsch.

Palácio da Bolsa, Rua Ferreira Borges Öffnungszeiten: November bis März: tägl. 9 – 13 und 14 – 18 Uhr, April bis Oktober: tägl. 9 – 19 Uhr.

Der Mercado Ferreira Borges (5)

Schräg gegenüber der Börse, nicht ganz so prunkvoll, aber nicht weniger interessant, befindet sich der „Mercado Ferreira Borges". Die zwischen 1885 und 1888 vom Architekt João Carlos Machado als Markthalle errichtete Metallkonstruktion wurde allerdings nur kurzzeitig für ihren ursprünglich gedachten Zweck benutzt.

Im Laufe der Geschichte war sie vom Abriss bedroht, diente als Garage, Armenküche, Gewächshaus und schließlich, 1939, als Obstmarkthalle.

1978 wurde der „Mercado" geschlossen und fünf Jahre dem Zerfall anheim gestellt, bis man sich 1983 entschloss, den imposanten Bau zu restaurieren um darin ein Kulturzentrum zu etablieren.

Denkmal Heinrich des Seefahrers, Linke Seite: Im Palácio da Bolsa Unten: der Mercado Ferreira Borges

Nach erneuter Renovierung zog hier 2010 der „HardClub", ein ambitionierter Veranstalter kultureller Ereignisse aller Art ein. Mit dem Schwerpunkt Musik sämtlicher Stilrichtungen, von Hip Hop bis Oper. Aber auch Bildende Kunst, Video, Kino und Literatur sollen hier ihren Platz finden.

Auf der Wiese vor dem „Mercado", der Praça do Infante D. Henrique, kann man das Ende des 19. Jahrhunderts errichtete **Denkmal Heinrich des Seefahrers** bewundern.

Wem jetzt die Füße weh tun, obwohl er noch mehr sehen möchte, der begibt sich am besten wieder hinunter zur R. Infante D. Henrique und steigt dort in die nostalgische Straßenbahn der Linie 1. Darauf kommen wir aber später zurück (siehe der Stadtteil Fos, Seite 31).

Wir Fitten gehen erst einmal die Rua Feireira Borges hinauf, vorbei am Hotel da Bolsa, zum Largo S. Domingos und

durch die Rua das Flores zum Bahnhof São Bento.

Die schöne **Rua das Flores** (8), (Straße der Blumen) - war einst die Straße der Silberschmiede, heute würde sie wohl eher den Namen Rua das Turistas (Straße der Touristen) bekommen. Neben der Igreja da Misericórdia, den zwei bis drei Gold- und Silberschmieden, die sich hier angesiedelt und überlebt haben, findet man ein Souvenirgeschäft und ein Restaurant neben dem anderen.

Die Praça de Almeida Garrett am Ende der R. d. Flores ist ein Knotenpunkt für Touristen geworden. Hier gibt es ein neues Touristeninformationsbüro den **„Porto Welcome Center"**, den **Stadtrundfahrtenveranstalter Living Tours** *(siehe auch: Flussfahrten auf dem Douro, Seite 28),* und noch mehr Souvenirgeschäfte, Cafés und Restaurants. Die Metro Station São Bento sowie die Bushaltestelle u.a. für den Bus Nr. 500 der ans Meer Richtung Matosinhos fährt sind hier auch vor Ort.

Der Bahnhof „Estação de São Bento" (6) Der Bahnhof S. Bento ist nicht nur ein wichtiger „Verkehrsknotenpunkt" *(siehe auch: Mit der Bahn, Seite 10),* sondern zählt zweifellos zu den Sehenswürdigkeiten Portos. Die Wände des 1915 eröffneten Bahnhofs sind über und über mit Azulejos geschmückt, auf denen historische Motive abgebildet sind *(siehe auch: Azulejos, Seite 81).*

Durch eine Unterführung gelangt man von hier aus zum Praça da Liberdade und zur Avenida dos Aliados.

Stadtplan Porto Ost

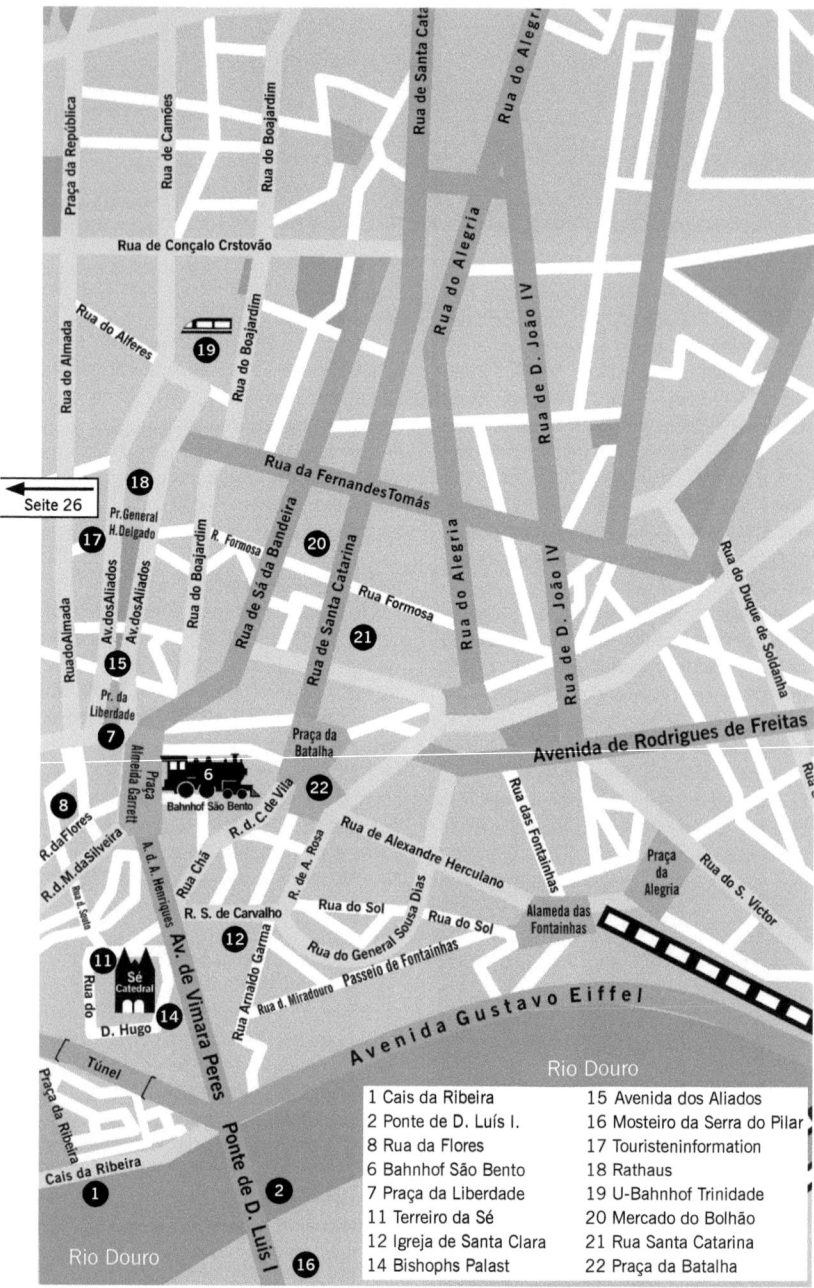

Seite 26

1 Cais da Ribeira
2 Ponte de D. Luís I.
8 Rua da Flores
6 Bahnhof São Bento
7 Praça da Liberdade
11 Terreiro da Sé
12 Igreja de Santa Clara
14 Bishophs Palast

15 Avenida dos Aliados
16 Mosteiro da Serra do Pilar
17 Touristeninformation
18 Rathaus
19 U-Bahnhof Trinidade
20 Mercado do Bolhão
21 Rua Santa Catarina
22 Praça da Batalha

*Prachtbauten
an der Avenida
dos Aliados
Unten: Das
Rathaus von
Porto*

Von der Avenida dos Aliados

Die Avenida dos Aliados (15) ist Portos Prachtstraße und das Herz der Innenstadt. Diese sechsspurige Straße umschließt von der Praça da Liberdade (7) aus die Praça General Humberto Delgado und einen breiten Platz in deren Mitte. An ihrem Ende befindet sich die „Câmara", das Rathaus.

Bei Volksfesten, wie etwa dem am 23./24. Juli, das dem Heiligen Johannes *(São João)* gewidmet ist, oder wenn einer der städtischen Fußballclubs, FC- oder Boa-Vista Porto, die Meisterschaft oder den Pokal gewinnt, wird der Platz zur Partyzone.

Wer einen Geldautomaten sucht, ist hier genauso richtig – es gibt alle paar Meter einen – wie der, der sich in einem Café ausruhen möchte.

Nicht nur die großen Banken, sondern auch viele Cafés, Restaurants, Geschäfte und einige Pensionen haben sich hier angesiedelt.

Von hier aus gehen die Straßen links und rechts bergauf in die östliche oder westliche Innenstadt.

Östliche Innenstadt

Im östlichen Teil befinden sich die Rua Santa Catarina (21), der Mercado do Bolhão (20) und das berühmte Café Majestik. Sehenswert ist auch die Praça da Batalha (22) mit dem Theater Nacional S. João und der Kirche „Igreja de S. Ildefonso". Möchte man alle vier Orte in einem Rundgang besuchen, was zu empfehlen ist, geht man am besten die Avenida dos Aliados bis zur Rua Dr. Magalhães Lemos entlang. Die Straße hinauf, vorbei an der Praça D. João I., gelangt man auf die Rua Sá da Bandeira, wendet sich nach links bis zur Rua Formosa, wo man auf der anderen Straßenseite vor dem Mercado do Bolhão steht. Der **Mercado do Bolhão** ist Portos überdachter Frischmarkt. *Allerdings wird er seit 2019 renoviert bzw. neu gebaut. Man hat nur die alte Fassade erhalten der Rest wurde abgerissen und wird neu errichtet. Bei Redaktionsschluss sollte die Bauphase noch zwei Jahre dauern aber wer weiß ...*

Wegen der Baustelle lassen wir den Mercado am besten links liegen, wenden uns nach rechts und gehen durch die Rua Formosa. Als kleine Entschädigung für die geschlossene Markthalle finden wir hier

eins der schönsten Lebensmittelgeschäfte der Stadt „A Pérola do Bolhão" sowie eine der schönsten Bäckereien, Café und Restaurant die „Confeitaria do Bolhão". Die Straße weiter hoch stößt man auf die Rua Santa Catarina (21). Die Straße nach links an der Ecke R. S. Cata-rina/R. de Fernandes Tomás steht, nicht zu übersehen, die kleine Kirche **„Capela das Almas"**, deren Fassade eins der schönsten Azulejos-Bilder der Stadt schmückt, leider schon etwas verwittert. Rechts rum geht es Richtung Praça da Batalha.

Die **Rua Santa Catarina** ist Portos bekannteste Einkaufsstraße. Zwischen der R. de Fernandes Tomás und der Praça da Batalha ist sie Fußgängerzone, was an sich für Porto schon eine Besonderheit ist. Hier gibt es viele Cafés, Geschäfte jeden Bedarfs, zusätzlich ein Einkaufszentrum und das **Grande Hotel do Porto**.

Ebenfalls in der Rua Santa Catarina befindet sich das **Café Majestic** *(Nr. 112, Richtung Praça da Batalha)*. Nach dem Café Brasileira in Lissabon ist es Portugals zweitberühmtestes Café mit unvergleichlichem Art-Deco-Ambiente. Wenn der Kaffee im Majestic auch mindestens doppelt so viel kostet wie andernorts in Porto, sollte man keinesfalls der Verlockung widerstehen, hier eine Pause einzulegen.

Weiter geht's über die Rua Passos Manuel zum **Praça da Batalha**. Der Praça da Batalha ist verkehrsberuhigt, eingerahmt von Cafés und Restaurants, dem Teatro Nacional de S. João und der Igreja de S. Ildefonso.

Das **Teatro Nacional de S. João**, Portos Nationaltheater, das 1798 erstmals seine Pforten öffnete, wurde 1908 von einem Feuer zerstört. Heute präsentiert sich der völlig rekonstruierte Musentempel in altem Glanz und ist Spielstätte wichtigster kulturellen Veranstaltungen.

Zurück zur Praça da Liberdade und zur Avenida dos Aliados geht's die Rua 31° de Janeiro oder die Rua da Madeira hinunter.

Westliche Innenstadt

Eine der wichtigsten Sehenswürdigkeiten Portos ist die Igreja dos Clérigos. Von der Praça da Liberdade aus die R. dos Clérigos hinauf kann man die Kirche nicht verfehlen. Schon von weitem sichtbar, thront sie auf einer Insel zwischen zwei gegabelten Straßen.

Igreja dos Clérigos (23)

Die barocke Kirche wurde vom italienischen Architekten Niccoló Nasoni erbaut, der von 1725 bis zu seinem Tod 1773 in Porto lebte und hier begraben ist. Der Grundstein zur Igreja dos Clérigos wurde 1732 gelegt, 1753 fand in ihr die erste Messe statt. Bis zur Fertigstellung des Turms arbeitete man jedoch noch insgesamt bis 1763 an dem Gotteshaus.

Hat man die Stufen zum 75 m hohen Turm erklommen, befindet man sich am höchsten Punkt der Innenstadt und hat einen wunderbaren Blick über die Dächer Portos. **WebTip:** www.torredosclerigos.pt

Igreja dos Clérigos: R. S. Filipe Nery, Nov.-März: Mo.-Sa. 9.-12.15/14.30-17.15 Uhr. Sonn- und feiertags 9-12.15/14.30-18 Uhr. April-Okt. Mo.-Sa. 8.45.-12.30/14.30-19 Uhr. Sonn-u. feiertags 8.30-12.30/14.30-19 Uhr.

Schaut man vom Turm der Igreja dos Clérigos hinunter auf die Rua das Carmelitas, sticht einem die Jugendstielfassade der Buchhandlung Editores **Lello & Irmão** ins Auge, sie gilt als die schönste Buchhandlung Portugals. Da praktisch in jedem Portugalreiseführer erwähnt, waren ihre Inhaber schon immer an Touristen gewöhnt. Kaum ein Besucher konnte der Versuchung widerstehen, ein Foto von der ex-

Die Rua Dos Clerigos Linke Seite: Praça da Bathalha mit dem S. Joāo's Teatro National Unten: Jardins do Palácio de Cristal

travaganten Holztreppe, die in den 1. Stock führt, zu schießen. Da aber kaum ein Tourist dort je ein Buch gekauft hat, nehmen die Besitzer jetzt Eintritt. Seit sich herumgesprochen hat, dass die Autorin von Harry Potter, J. K. Rowling einige Jahre in Porto gelebt und sich von vielen Dingen in dieser Stadt u. a. auch von der Treppe in Lelleos Buchhandlung, für ihre Geschichte hat inspirieren lassen, gibt es kein Halten mehr. Man erkennt die Buchhandlung jetzt schon an den Schlangen, die vor ihrer Tür stehen. **WebTip:** www.livralalello.pt/en/

Das Viertel zwischen der R. Carmelitas und der R. de Ceuta mit der Praça D. Filipa Lencastre, an dem sich Portos erstes Haus am Platze, das Fünf-Sterne-Hotel Infante de Sagres, befindet, gehört zwar nicht zum Weltkulturerbe der UNESCO, aber ein Bummel durch die schmalen, meist verkehrsberuhigten Straßen lohnt sich allemal.

Vor allem die R. da Galeria de Paris und die R. de Cândido dos Reis sind zur Partyzohne geworden, hier gibt es Clubs,

Bars und Cafés etc. ohne Ende, (*siehe auch: Was noch, Seite 32*).

Die R. Carmelitas hinauf gelangt man zur Praça de Lisboa. Links davon, am Campo dos Mártires da Pátria, befindet sich das ehemalige Stadtgefängnis, heute Portos Fotoarchiv und ein Museum. In den Kneipen an der Pr. Parada Leitão, zwischen der R. Camelitas und der Rua da Restauração, treffen sich Portos Studenten. Kein schlechter Platz, um an lauen Sommerabenden ein Bierchen oder Ähnliches zu sich zu nehmen. Gleich in der Nachbarschaft, an der Pr. Gomes Teixeira, befindet sich die alte Universität und in der Rua do Carmo die beiden Kirchen Igreja das Carmelitas und Igreja do Carmo (mit prächtiger Azulejos-Fassade). Am Ende der Rua do Carmo, in der Rua Prof. Vicente J. Carvalho, liegt das Hospital Santo António. Rechts um das Hospital herum kommt man zur Rua de D. Manuel II, an der Portos Nationalmuseum Soares dos Reis liegt. Von der Rua Carmo sind es 15 Min. zu Fuß oder eine Station mit dem Bus.

Das Museu Nacional Soares dos Reis war Portos erstes Kunstmuseum, benannt nach dem gleichnamigen portugiesischen Bildhauer und Maler. Neben temporären Ausstellungen internationaler Künstler beherbergt es eine Sammlung portugiesischer Malerei und Plastik des 16.-20. Jahrhunderts. Auch der Namensgeber Soares dos Reis (1847-89) ist mit zahlreichen Werken vertreten.

Von hier aus ist es nur noch einen Steinwurf weit die Rua de D. Manuel II hinauf bis zu den Gärten des Palácio de Cristal (13), die im 19. Jahrhundert vom

Stadtplan Porto West

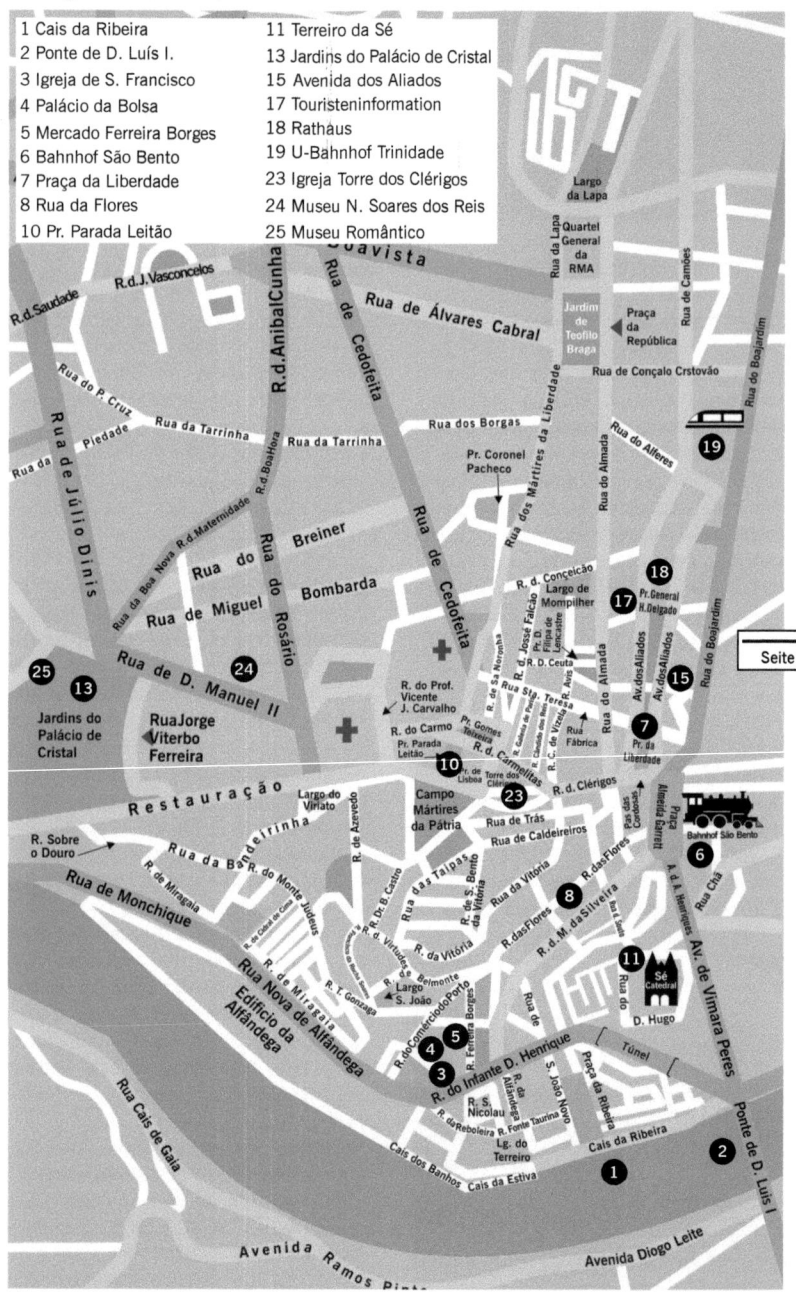

1 Cais da Ribeira
2 Ponte de D. Luís I.
3 Igreja de S. Francisco
4 Palácio da Bolsa
5 Mercado Ferreira Borges
6 Bahnhof São Bento
7 Praça da Liberdade
8 Rua da Flores
10 Pr. Parada Leitão

11 Terreiro da Sé
13 Jardins do Palácio de Cristal
15 Avenida dos Aliados
17 Touristeninformation
18 Rathaus
19 U-Bahnhof Trinidade
23 Igreja Torre dos Clérigos
24 Museu N. Soares dos Reis
25 Museu Romântico

Seite 2

Jardins do Palácio de Cristal
Unten:
die Kathedrale (Sé)

deutschen Architekten Emil David entworfen wurden.

Jardins do Palácio de Cristal. Hier sind Sie goldrichtig, wenn Sie im Freien entspannen möchten. Brunnen plätschern, Pfauen schlagen ihr Rad, und von den zahlreichen Aussichtspunkten hat man einen herrlichen Blick über die Stadt und den Douro bis aufs Meer hinaus.

Die Parkanlage, in die verschiedene Themengärten, Kinderspielplätze, Restaurants und eine Bibliothek integriert sind, wird dominiert vom **Pavilhão Rosa Mota**. Der Pavillon ist ein runder Kuppelbau mit beeindruckenden Ausmaßen. Die Namensgeberin Rosa Mota ist Portugals bekannteste Sportlerin und ihres Zeichens Marathonläuferin. Dreimal wurde sie Europameisterin (1982, 1986, 1990) je einmal Weltmeisterin (1987) und Olympiasiegerin (1988). In der Allzweckhalle finden Sport- und allerlei kulturelle Veranstaltungen statt.

Auch das kleine **Museu Romântico** und das Restaurant **Antiqvvm** befinden sich in dieser Anlage.

Zurück zur Altstadt, und zwar ins Viertel o Baredo:

Die Kathedrale Sé Catedral und das Baredo

Über Portos ältestem Viertel, dem Baredo, ebenfalls zum Weltkulturerbe der UNESCO erklärt, thront das Terreiro da Sé, eine Art Hochplateau, auf dem Portos Kathedrale, die Sé, errichtet ist.

Die Sé *(Die Kathedrale)*

Vom Bahnhof São Bento die Avenida D. Afonso Henriques hinauf, kann man die ohnehin weit sichtbare Kirche gar nicht verfehlen. Wie eine Trutzburg und ursprünglich auch zu diesem Zweck errichtet, prangt der mächtige Bau über Portos Altstadt und dem Douro.

Die Bauarbeiten an der Sé begannen im späten 12. Jahrhundert. Entstanden ist eine Kirche im gotisch-romanischen Stil mit angrenzendem Kloster. Im 18. Jahrhundert wurde sie jedoch, dem Zeitgeist entsprechend, unter der Leitung des Architekten António Pereira, im Innern in ein barockes Gotteshaus umgewandelt.

Links vom mächtigen Hauptaltar, in der Capela do Santíssimo Sacramento, steht ein barocker Altar aus 800 kg Gold. Für etwa zwei EUR kann man das ehe-

Die alten Straßenbahnlinien in Porto sind fast gänzlich verschwunden, doch auf ein paar ausgesuchten Strecken sind sie erhalten geblieben b.z.w. reaktiviert worden. Man kann auf diesen wie in alten Zeiten gemächlich durch die Straßen fahren, auch **Stadtrundfahrten** damit sind im Programm. Für **Seilbahnfans** ist auch gesorgt. Vom Flussufer in Gaia aus, kann man sich zum höchsten Punkt des Flussufers gegenüber dem Mosteiro da Serra do Pilar hochgondeln lassen.

Eine interressante Webseite für Stadrundfahrten in Porto ist:

www.oporto.ticketbar.eu

YELLOW BUS

Der **Yellow Bus** bietet ab ca. 16 Euro eine gute Möglichkeit, mit großer Reichweite die Stadt bequem anzuschauen und zu erkunden. Auch in Braga und Guimarês ist der Yellow Bus unterwegs. Eine interressante Website dafür ist: *www.yellowbustours.com/de*, hier kann man die Tickets für den Bus online buchen.

Die städtischen Busse und U-Bahnen bieten zusätzlich eine gute Möglichkeit, sich in der Stadt zu bewegen. Beim Turismo bekommt man Streckenpläne für alle Verkehrsmittel, die man auch an den Haltestellen wiederfindet, sodass man sich relativ leicht zurechtfinden kann. Einzelfahrscheine und Tageskarten für den Bus oder die Straßenbahn kann man im Bus, der Straßenbahn oder im Büro der Gesellschaft STCP im Bahnhof São Bento kaufen. Dort gibt es auch Zehner-, Wochen- und Monatskarten. Fahrscheine für die U-Bahn gibt's am Automat. Diese muss man vor der Fahrt am Bahnsteig entwerten.

U-Bahn, Straßenbahn und Bus werden von zwei verschiedenen Gesellschaften betrieben, sodass Fahrscheine für den Bus in der U-Bahn oder Straßenbahn keine Gültigkeit haben und umgekehrt.

PORTOCARD

In den Turismobüros in Porto und manchen Hotels kann man die Portocard erstehen. Es gibt sie ab ca. 13 Euro für ein, zwei oder drei Tage. Sie bietet freie Fahrt in allen öffentlichen Verkehrsmitteln und freien oder ermäßigten Eintritt in Kirchen, Museen etc. www.portocard.city

Flussfahrten auf dem Douro

Wer die Zeit und den nötigen Spielraum in der Reisekasse hat, der sollte unbedingt eine der angebotenen Flussfahrten den Douro hinauf oder hinunter unternehmen.

Bei keiner anderen Gelegenheit kann man die Schönheit des Dourotals besser genießen. Es werden ab ca. 70 EUR ein- bis zweitägige Fahrten, Wochenend- und einwöchige Fahrten mit Voll- oder Halbpension von mehreren Veranstaltern angeboten. Etwa bei der Gesellschaft Cruzeiros, *(www.cruzeiros-douro.pt)* Praça Ribeira 5, oder bei Living Tours, *(www.livingtours.com)* schräg gegenüber dem Bahnhof São Bento, in der Rua Mouzinho da Silveira 352/354. Dort kann man auch **Minibustouren** buchen und **Fahrräder leihen**. Auch der deutsche Reiseveranstalter Olimar hat Kreuzfahrten auf dem Douro im Programm. *(Siehe auch: Das Dourotal Seite 40)*

Die kleine Variante sind die so genannten Sechs-Brücken-Fahrten. Hier wird man für ca. 15 EUR unter den sechs Brücken, die den Duro bei Porto überspannen, entlanggeschippert und fährt dabei bis zur Flussmündung auch buchbar auf: *www.cruzeiros-douro.pt (siehe auch Seite 17)*.

Blick von Vila Nova de Gaia auf das Tereiro da Sé, die Türme der Kathedrale und den Bischofspalast Unten: in der Igreja de Santa Clara

malige Kloster besichtigen. Vom gotischen Kreuzgang aus führt ein vom italienischen Baumeister Niccoló Nasoni *(siehe auch: Igreja dos Clérigos, Seite 24)* entworfener Treppenaufgang in die „heiligen Hallen". Dort kann man diverse sakrale Kunstschätze und Kirchengewänder bestaunen, deren Entstehung bis ins 15 Jh. zurückreicht. Es gibt viel zu sehen in Portos größter Kirche, und nicht zuletzt die Aussicht, die man von dort oben genießt, lohnt den Besuch.

Sé Catedral: Nov.-März: Mo.-Sa., 8.45-12.30/14.30-18 Uhr. Sonn-und feiertags 8.30-12.30/14.30-18 Uhr. April-Okt.: Mo.-Sa. 8.45-12.30/14.30-19 Uhr.

Gleich hinter der Sé befindet sich der Bischofspalast, ebenfalls von Niccoló Nasoni erbaut.

Vom Terreiro da Sé aus hat man mehrere Möglichkeiten, Porto noch weiter zu erkunden. Durch die Gassen des Baredoviertels gelangt man hinunter zum Douro zur Cais da Ribeira. Auf dem Weg dorthin, etwas unterhalb de Sé, am Largo do Colé-

gio, liegt die Kirche **„Igreja dos Grilos"** aus dem 16. Jahrhundert.

Wer auf der oberen Ebene die Brücke Dom Luís I. überqueren möchte, geht vom Terreiro da Sé aus einfach die Avenida Vímara Peres entlang. Von dort oben kann man auch gleich die Kehrseite der Medaille betrachten: halb zerfallene Häuser und bittere Armut inmitten von Touristenattraktionen. Weiter über die Brücke gelangt man ohne mühsamen Aufstieg zum Mosteiro da Serra Pilar *(siehe auch:, Von der Cais da Ribeira, Seite 17).*

Obwohl in jedem Reiseführer erwähnt, ist die kleine Kirche aus dem 17. Jh. **„Igreja de Santa Clara"** fast so etwas wie ein Geheimtipp. Unscheinbar hinter einem kleinen Platz, dem Largo de 1° de Dezembro, ganz in der Nähe der Sé gelegen, behütet das kleine Gotteshaus einen „Goldschatz", der es mit dem der „Igreja de São Francisco" *(siehe Seite 19)* locker aufnehmen kann. Hier ist zwar alles etwas kleiner als bei der großen Schwester, aber die vergoldeten Holzschnitzereien und Altäre haben irgendwie mehr Charme als in der protzigen São Francisco. Vom Terreiro da Sé begibt man sich zur Avenida D. Afonso Henriques, überquert diese, geht ein Stück die Rua Saraiva Carvalho hinauf und gelangt so rechter Hand zum Largo 1° de Dezembro.

Bei Redaktionsschluss wurde die Kirche noch renoviert und war geschlossen. Bis wann weiß vermutlich nur Santa Clara aber einen Versuch ist sie immer Wert.

Igreja de Santa Clara: Montag - Freitag 9.30-11.30/15-19 Uhr

Wohnen in Porto

In Porto gibt es eine breite Palette an Unterkünften vom Fünf-Sterne-Hotel bis zur Jugendherberge, Hostels und Campingplatz. Bei einigen nationalen Festivitäten, wie z.B. am 23./24. Juli (São João) und in der Hauptsaison von Juli bis Oktober, ist es ratsam so lange wie möglich vor der Ankunft ein Zimmer zu buchen. Zu diesen Zeiten sind die Hotels schnell ausgebucht und nehmen dann Preise, die oft in keinem Verhältnis zum Gebotenen stehen.

In den Hotels ab drei Sternen gibt es eigentlich immer jemanden an der Rezeption, der mindestens Englisch spricht, oft auch Französisch oder Spanisch. Menschen mit deutschen Sprachkenntnissen trifft man eher selten. In bescheideneren Unterkünften, wie Pensionen oder Ein- und Zwei-Sterne-Hotels, sind Fremdsprachen nicht so sehr verbreitet.

Wer in Porto ankommt und noch kein Hotel gebucht hat, der begibt sich am besten zum nächsten Touristeninformationsbüro (TURISMO, *siehe auch: Informationen für Touristen, Seite 12*). Hier bekommt man eine Liste aller Herbergen der Stadt und kann sich vom freundlichen Personal möglicherweise gleich ein Zimmer reservieren lassen.

Alternativ kann man auch ins Internetcafé „onweb" gleich neben dem Turismo in der Avenida dos Aliados gehen und auf den einschlägigen Hotelwebseiten sein Glück versuchen oder eben sein Smartphon aktivieren. *(Siehe auch: Portugal im Internet auf Seite 84)*

i **Touristeninformationsbüros in Porto:** *Am Flughafen in der Ankunfsthalle. Im Zentrum: Rua Clube Fenianos 25, beim Rathaus. Tel. +351 223 393472. Porto Wellcome Center gegenüber vom Bahnhof São Bento.*
Zwei weitere „Turismos" befinden sich bei der Sé (Kathedrale), Terreiro da Sé , (Siehe auch: Seite 27) und in der Rua Infante D. Henrique 63 | **WebTip.** www.visitporto.travel

---

HIER EINIGE ZENTRAL GELEGENE HOTELS UND PENSIONEN

Hotel Infante de Sagres *****
Praça D. Filipa de Lencastre 62
Tel. +351 22 339 8500
Hotel Mercure Porto Centro ****
Praça da Batalha 116
Tel. +351 22 204 3300
Hotel D. Henrique ****
Rua Guedes de Azevedo 179 - 221
Tel. +351 22 340 1616
Hotel da Bolsa ***
Rua Ferreira Borges 101
Tel. +351 22 202 6768
Hotel Internacional ***
Rua do Almada 13, +351 22 200 5032
Moov Hotel ***
Praça da Batalha 32
Telefon: +351 22 040 7001

Hotel dos Aliados, Rua Elísio de Melo 27,
Tel. +351 22 200 4853
Hotel Ibis Porto Centro**, Rua da Alegria
29 A, Tel. +351 22 340 0700
Hotel Chique**
Avenida dos Aliados 206
Tel. +351 22 200 9011
Cats Hostel Porto, R. do Cativo 26-28,
+351 22 004 3030, www.catshostels.com
Hi Hostel Porto,
Pousada da Juventude (Jugendherberge)
Rua Pauto da Gama 551
+351 22 616 3059
www.pousadasjuventude.pt
Nicht gerade zentral- dafür aber sehr reizvoll in der Nähe der Flussmündung gelegen.
Hostels: *Siehe auch Seite 82*

Parkanlage im Stadtteil Foz Unten: Forte de São Francisco (Castelo do Queijo)

Portos Strandpromenade und der Stadtteil Foz

Weitab von Weltkulturerbe und touristischen Attraktionen – von der Fundação de Serralves einmal abgesehen – bleibt Portos Stadtteil am Meer, Foz, von ausländischen Besuchern weniger beachtet.

Der Strand hat bezüglich der Wasserqualität zwar nicht den besten Ruf, aber dafür lässt die Strandpromenade keine Wünsche offen.

Zwischen dem „Forte de São João Baptista", auch Castelo da Foz genannt, und dem „Castelo do Queijo", zweier Wehrschlösser aus dem 16. Jh., zieht sich die Uferpromenade ca. 1,5 km am Meer entlang. Kleine Parkanlagen, Strand, Bars, Cafés, Restaurants und ein ungetrübter Blick aufs weite Meer bieten alles, was das Entspannung suchende Herz begehrt, wenn auch der Blick stadteinwärts meist an fantasielosen Wohnblocks im Stil der 1970er Jahre hängenbleibt.

Wer keinen Wert darauf legt, im Stadtzentrum zu wohnen und dafür lieber aufs Meer schaut, für den bietet sich die

Übernachtung im Hotel Boa-Vista an, einem Drei-Sterne-Haus mit gepflegtem Altbauambiente. Esplanada do Castelo, Tel. 225320020, ab ca. 75 EUR.

Nach Foz fährt man am besten mit der alten Straßenbahn Nr. 1. Sie startet bei der „Igreja de São Francisco" *(siehe auch: Seite 19)* und fährt bis zur Travessa dos Olivais. Schneller, dafür profaner geht's mit dem Bus Nr. 500 vom Bahnhof São Bento aus. Auf dem Weg dorthin kommt man am **„Museu do Carro Eléctrico"** (Straßenbahnmuseum) vorbei, ein Muss für Straßenbahnnostalgiker und interessant auch für alle anderen. Von den ersten, noch mit Pferden gezogenen Bahnen bis zu den modernsten U-Bahn-Wagen, die heute durch Portos Straßen rauschen, sind dort viele originale Exponate ausgestellt, sehr zu empfehlen!

Ohne Meeresblick, dafür aber in einer gepflegten Villengegend, sozusagen im Landesinnern des Stadtteils Foz, ist die **„Fundação de Serralves"** gelegen. Zum einstigen Anwesen eines Industriellen mit Villa und Parkanlage kam in den 1990er Jahren das „Museu Serralves de Arte Contemporânea" hinzu, erbaut vom Architekten Siza Vieira. In der alten Villa und dem neuen Museum finden temporäre Ausstellungen moderner Kunst und Fotografie statt.

Schon der Neubau lohnt den Besuch, ein Meisterwerk moderner Museumsarchitektur und die angrenzende Parkanlage

Fundação de Serralves

gleicht sich, wenn auch auf ganz andere Weise, dem Niveau des Museums an. Der gesamte Komplex bildet das größte Kulturzentrum in der Region.

Fundação de Serralves, Rua D. João de Castro 210, Okt.-März: Di.-So. 10-19 Uhr, April-Sept.: Di.-Do. 10-19 Uhr, Fr. + *Sa. 10-22 Uhr, Sonn- u. Feiertag 10-20 Uhr. Museum und Park ca. 10 EUR, Park ca. 5 EUR. An jedem 1. Sonntag im Monat ist der Eintritt frei. Montags geschlossen.*

Die Fundação de Serralves erreicht man vom Centrum aus mit dem Bus Nr. 78 in Richtung Castelo Quedo.

Was noch ? ...

KNEIPE & CO. Cafés, Restaurants und Bars muss man in Porto eigentlich nicht suchen, man wird eher von ihnen gefunden.

Im Viertel rund um die **Universität,** *(siehe auch: Westliche Innenstadt S. 24)* findet man aber die meisten vor allem für jüngeres Publikum. Ein angesagter Club mit Livemusik ist **Plano B** in der Rua de Cândido dos Reis, in der selben Straße findet man noch mehr interessante Läden, auch in den Parallelstraßen wird man fündig. Freunden des Lungenkarzinoms kann man die **Shishabar** Tuareg Baixa Café Bar, in der Tv. da Laje 46, Ecke Rua Campo dos Mártires da Pátria, auf der anderen Seite des Jardim da Cordoaria, empfehlen. Auch um die Praça de Parada Leitão ist jede Menge los.

Wer sich in dieser Gegend etwas treiben lässt findet bestimmt die richtige Location. In diesem Stadtteil gibt es auch viele **günstige Hostels und Pensionen**.

In der Östlichen Innenstadt *(siehe auch: Östliche Innenstadt, S. 23)* gibt es um die **Praça da Batalha** und vor allem auf der **Praça dos Poveiros** eine nette kleine Restaurant- und Kneipenszene. Nicht zu vernachlässigen ist auch die **Rua Santa Catarina**, dort befindet sich u.a. das berühmteste, leider auch das teuerste aller Cafés in Porto, das **Café Majestic**.

THEATER UND KONZERT. Porto hat eine amtliche Kulturszene und gar nicht wenige Spielstätten. Auf www. nordportugal.de/Porto/Sehenswertes, findet man einen Link zum aktuellen „Veranstaltungskalender" von Porto.

BADEN UND SURFEN. Badestrände gibt es in Porto im Stadtteil Foz *(siehe auch: S.31)* den **Strand für Surfer** findet man im Stadtteil Matosinhos, nördlich der Av. da Boavista. Auch in Vila Nova de Gaia gibt es schöne Strände zum Baden und Surfen. Ein Ausflugstipp hierfür ist auch Espinho *(siehe Ausflüge von Porto, S. 35)*.

FAHRRAD. Schöne Radwege gibt es am Meer an der Uferpromenade von Foz und in Gaia auf der anderen Seite des Douros. *(Siehe auch: von der Cais da Ribeira, Seite 17)* *Fahrräder leihen kann man in Porto z. B. bei Vieguini Bike, Rua Nova da Alândega 7. Beim Turismo in Rua Clube Fenianos 25, beim Rathaus, bekommt man darüber auch Auskunft und kann sich mit Glück Leihräder reservieren lassen.*

Weinanbau im Dourotal
Unten: Portweinfässer mit einem Fassungsvermögen von bis zu 18.000 Litern

Über die Entstehung des Portweins gibt es viele Geschichten. Mir gefällt jene am besten, wonach die Welt den Portwein einer Panscherei aus dem 17. Jh. zu verdanken hat. Engländer, denen der Wein aus dem Dourotal nicht schmeckte, kamen auf die Idee, ihn mit Brandy zu vermischen. Dieses Gerücht kommt zumindest der Herstellung des Weines schon ziemlich nahe.

Portwein ist heute allerdings eines der edelsten Getränke im Universum und wird seit dem 18. Jh. nur unter strengsten Bestimmungen und Kontrollen, *(eingeführt vom Marquês de Pombal)* hergestellt. Es gibt ihn von zuckersüß bis staubtrocken und von weiß bis tief rot.

Die Geschichte des Weins geht allerdings bis ins 13. Jh. zurück. Schon damals wurde im Dourotal Wein angebaut, und als Vinho de Lamego *(der Wein von Lamego)* bezeichnet. Lamego war damals der wichtigste Ort in dieser Gegend. *(Siehe auch: Lamego Seite 57)*

Heute wird Portwein vom Instituto do Vinho do Porto kontrolliert und ist eine international geschützte Marke. Er darf nur aus Trauben einer eingegrenzten Region im Dourotal hergestellt werden.

Portweine sind in der Regel sogenannte lineare Weine. Das bedeutet, dass sie aus verschiedenen Sorten und sogar Jahrgängen zusammengestellt werden.

Der Trick, der dem Portwein seine besondere Note gibt, liegt darin, dass nach einigen Tagen der Gärung ein geschmacksneutraler Brandy hinzu gegossen und so der Gärungsvorgang gestoppt, der Restzucker beeinflusst und der Alkoholgehalt erhöht wird.

Durch dieses Verfahren erhält der Wein auch seine lange Lagerfähigkeit, manche Sorten können bis zu 50 Jahre und länger aufbewahrt werden.

Die Trauben zu diesem ausgefallenen Getränk wachsen im oberen Dourotal zwischen Régua und Pinhão, *(Siehe auch: im Dourotal Seite 40)* wo sie besonderen Boden- und Klimaverhältnissen ausgesetzt sind.

Seine endgültige Reife bekommt der Wein dann in den Portweinkellereien von Vila Nova de Gaia. Die meisten dieser Traditionshäuser kann man besichtigen, manche verfügen auch über ein Museum.

Ab ca. 5 Euro Euro erfährt man hier vieles über Herstellungsverfahren und deren Geschichte und kann nicht zuletzt einige der köstlichen Tropfen degustieren *(siehe auch: Seite 17).*

Porto ist nicht nur eine interessante Stadt, es eignet sich auch vorzüglich als Stützpunkt für Ausflüge in die nähere Umgebung. Wer mit dem Miet- oder eigenen Wagen unterwegs ist und gerne fährt, kann fast den ganzen Norden von hier aus erkunden. Aber auch für Reisende, die auf öffentliche Verkehrsmittel angewiesen sind, gibt es viele lohnende Ziele, die man gemütlich mit Bus oder Bahn erreichen kann. Selbst nach Braga *(siehe Seite 45)* oder Viana do Castelo *(siehe Seite 71)* kann man an einem Tag locker hin- und zurückfahren. *(Siehe auch: Unterwegs in Portugals Norden, Seite 9)*

Mit der Bahn
In Porto gibt es zwei Bahnhöfe: Campanhã und São Bento. Campanhã, ganz im Westen, außerhalb der Innenstadt, *(am leichtesten mit der Bahn oder U-Bahn vom Bahnhof São Bento zu erreichen)* ist der Fernbahnhof. Von dort fahren Züge in alle Richtungen wie z. B. nach Lissabon, an die Algarve oder nach Braga.

Der zentralste Bahnhof ist São Bento *(siehe Stadtplan Seite 22)*. Hier fahren Züge über Campanhã nach Braga, Aveiro, ins Douro-Tal und die Region Minho. Im Informationszentrum bekommt man kostenlos kleine Fahrpläne sämtlicher Zugverbindungen von und nach Porto (siehe auch: Bahnhof São Bento, Seite 21). Alle Züge, die vom Bahnhof São Bento aus los fahren, halten auch im Bahnhof Campanhã.

Fahrkarten für den Zug oder die U-Bahn muss man vor der Fahrt immer am Schalter oder Automaten lösen. U-Bahn- oder Suburbanotickets müssen vor Fahrtantritt am Bahnsteig entwertet werden. *(Siehe auch: Mit der Bahn, Seite 10)*

Mit dem Bus
Leider gibt es in Porto keinen zentralen Busbahnhof. Es gibt mehrere Unternehmen, die alle ihre eigenen Abfahrtsorte haben. Die nationale Buslinie RN hat ihren Terminal in der Rua Alexandre Herculano. Von dort fahren vor allem Busse zu kleineren Orten in der Umgebung (geht von der Pr. da Batalha ab, Stadtplan S. 22).

In Richtung Vila Real und Amarante fahren die Gesellschaften Roda Norte Rua Dr. Manuel Pereira da Silva 164, und Rede Expressos Campo 24 de Agosto 125. Es macht keinen Sinn, hier alle aufzuzählen. Manchmal wechseln die Gesellschaften auch ihren Standort, sodass man nie sicher sein kann.

Am besten geht man zur Touristeninformation, dort bekommt man immer gut erklärt von wo aus es losgeht und erhält teilweise auch Fahrpläne. *(Touristeninformation: siehe auch: Seite 12, Informationen für Touristen und Seite 30, Hotels in Porto)*

Nützliche Webseiten für den Bus mit Abfahrtszeiten sind: www.rodonorte.pt www.rede-expressos.pt
Auf diesen Seiten kann man auch Tickets reservieren und kaufen.
(Siehe auch: Von u. nach Braga S. 48)

Igreja da Santa Cruz, in Braga

Strand bei Espinho
Unten: Das ehemalige
Kloster Santa Clara in
Vila do Conde

Ausflüge von Porto

Hier einige Ausflugsziele, die man von Porto aus mit öffentlichen Verkehrsmitteln in maximal eineinhalb Stunde erreichen kann:

Espinho

Espinho, ca. 20 km südlich von Porto entfernt, ist der ideale Ort, wenn man mal eben schnell zum Baden fahren möchte. Strand und Wasser dürften etwas sauberer sein als in der Nähe der Großstadt.

Espinho ist ein Badeort mit großem Casino, einem schönen Strand und allem, was sonst noch so dazu gehört. Auch bei Surfern ist der Ort sehr beliebt, es gibt dort einen Ausrüstungsverleih mit Surfschule. Espinho ist aber nicht gerade ein Geheimtipp in der Hauptsaison, bis Mitte September und an Wochenenden ist der Strand kein einsamer.

In den letzten Jahren sind hier einige neue Bettenburgen und moderne Strandbars entstanden. Das sieht nicht immer schön aus, aber die Bebauung hält sich noch in Grenzen.

Der Strand ist breit, ewig lang und wer es etwas ruhiger mag, findet hier auch seinen Platz.

In Richtung Norden führen Holzstege durch die Dünenlandschaft, auf denen man zu Fuß oder mit dem Fahrrad praktisch bis Porto gelangen kann. Auf dieser Strecke findet man viele schöne Stellen am Meer und immer wieder kleine Orte mit Restaurants und Cafés, in denen man sich stärken kann.

Übernachten in Espinho

In Espinho gibt es eine breite Palette an Unterkünften, vom Vier-Sterne-Hotel bis zur Jugendherberge, das **Turismo** welches hier „Loja Interativa de Turismo" heißt, befindet sich ca. 200 m vom Bahnhof entfernt in der Avenida 8 - Centro Comercial Solverde. Vom Bahnhof geradeaus in nördlicher Richtung, linker Hand zum Meer hin, also leicht zu finden. Dort kann man sich über Unterkünfte informieren. Hilfreich sind auch die einschlägigen Hotelwebseiten. Hier zwei Tipps:

Direkt am Strand
Praiagolfe Hotel**, Rua 6 | Tel. +351 227331000 | www.praiagolfe.com
Für kleineres Geld, *im Doppelzimmer oder Schlafsaal, nicht weit vom Strand*
Espinho Guest House, Rua 29
Tel. +351 224 965 748
www.espinhoguesthouse.com

Von Porto aus erreicht man Espinho am besten mit dem Zug. Es gibt tägl. viele Verbindungen von den Bahnhöfen Campanhã und São Bento. Von Sao Bento mit dem Nahverkehrszug „Suburbano" dauert die Fahrt ca. ½ Stunde.

Auch sehr schön, etwas ruhiger und noch näher an Porto auf der Strecke nach Espinho, beim Örtchen Aguda, liegt der Strand **„Praia da Aguda"**.

Barcelos

Für Marktfans ist ein Besuch der Stadt am Rio Cávado Pflicht! Immer donnerstags wird hier einer der größten Wochenmärkte Europas aufgebaut. Von lebenden Kleintieren, Kleidung, Schuhen bis Keramik und natürlich jede Menge Obst und Gemüse, wird hier alles Erdenkliche in rauen Mengen feilgeboten.

Sehenswert ist aber auch die Altstadt, in die sich außer am Donnerstag nur wenige Touristen verlaufen.

Der Hahn von Barcelos »Senhor do Galo« ist das Wahrzeichen Portugals, er ziert Dächer, Fahnen, Tassen, Teller, Tücher in allen Variationen und ist nur schwer zu übersehen.

Barcelos erreicht man von Porto aus am besten mit dem Zug. Es gibt zahlreiche Verbindungen von den Bahnhöfen São Bento und Campanhã aus.

In der Altstadt von Barcelos

In der Altstadt von Vila do Conde

Übernachten in Barcelos

Außer vielleicht am Mittwoch vor dem großen Markt, wird man in Barcelos zu jeder Jahreszeit ein Zimmer finden.

In Barcelos und der näheren Umgebung gibt es viele Übernachtungsmöglichkeiten, Hotels, Pensionen und Solares *(Solares siehe auch: Übernachten in Portugal Seite 80)*.

Turismo: Largo Dr. José Novais
Tel. +351 253 811 882

Vila do Conde

Der Küstenort nördlich von Porto, an der Mündung des Rio Ave gelegen, war einst ein Fischerdorf und ist heute eine kleine Stadt, die praktisch mit ihrem Nachbarort im Norden, Póvoa de Varzim, zusammengewachsen ist. Spuren der alten Fischerkultur findet man heute aber immer noch. Kleine Werften und traditionelles Handwerk im historischen Stadtkern mit seinen engen Gassen und niedrigen Häusern aus dem 16. Jahrhundert sind Zeugen aus vergangenen Zeiten.

Vom ehemaligen Kloster Santa Clara, das auf einer Anhöhe liegt und heute das Justizministerium beherbergt, hat man einen herrlichen Blick über die Stadt und den Atlantik (leider ist die Anlage etwas ungepflegt). Der Strand ist allerdings schön und endlos, leider auch endlos von Häusern und Straßen gesäumt. Wen das aber nicht stört, der findet hier immer einen Platz für sein Handtuch.

Von Porto aus erreicht man Vila do Conde am besten mit der Metro in Richtung Póvoa de Varzim.

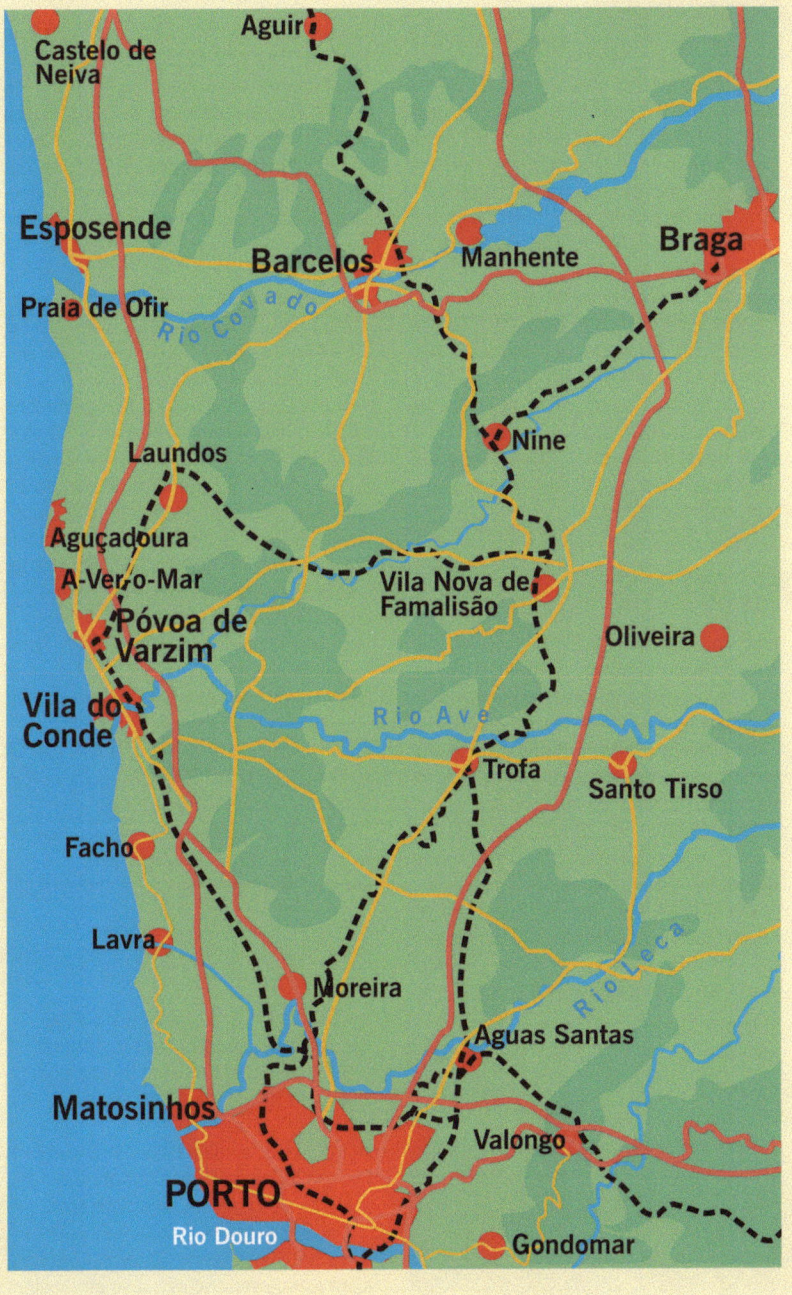

Aguir

Castelo de
Neiva

Esposende

Barcelos

Manhente

Braga

Praia de Ofir

Rio Covado

Laundos

Nine

Aguçadoura

A-Ver-o-Mar

Vila Nova de
Famalisão

Póvoa de
Varzim

Oliveira

Vila do
Conde

Rio Ave

Facho

Trofa

Santo Tirso

Lavra

Rio Leça

Moreira

Aguas Santas

Matosinhos

Valongo

PORTO

Rio Douro

Gondomar

Póvoa de Varzim

Das etwas weiter nördlich gelege Póvoa de Varzim ist heute eine moderne Stadt mit ca. 60.000 Einwohnern. Hier kann man Strand mit Großstadtflair erleben oder seine Reisekasse im Casino vernichten. Der Strand ist allerdings lang und schön und endet in nördlicher Richtung erst am Rio Cávado.

Übernachten in Póvoa de Varzim

Da Póvoa de Varzim ein beliebter Ferienort ist, gibt es im Ort und seiner Umgebung viele Hotels und Ferienanlagen.

Von Porto aus erreicht man Póvoa de Varzim mit der Metro.

Loja Interativa Turismo, Passeio Alegre gegenüber dem Grande Hotel. Unweit vom Strand entfernt.

Esposende

Noch etwas weiter nördlich, ca. 40 km von Porto entfernt, an der Mündung des Rio Cávado gelegen, befindet sich der Badeort Esposende.

Am Wochenende kommen viele Portugiesen aus Barcelos und Braga hierher um einen Tag am Strand zu verbringen.

Der Strand von Esposende beginnt etwa 1 km vom Ortskern entfernt an der Mündung des Rio Cávado.

Der über 7 km lange Strand, „Praia de Suave Mar", liegt zwischen den Mündungen der Flüsse Rio Cávado im Süden und dem Rio Neiva im Norden, wunderschön von ei-

ner Dünenlandschaft begrenzt. Macht man sich die Mühe und geht einige Minuten Richtung Norden, findet man nur noch Natur, ein krasser Gegensatz zu den Stränden von Póvoa de Varzim und Vila do Conde.

Südlich von Esposende beginnt der Strand **„Praia de Ofir"**, benannt nach dem kleinen Badeort Ofir, unweit von Esposende, am gegenüber liegenden Ufer des Rio Cávado gelegen.

Beides sind ideale Plätze für einen Strandurlaub, wenn auch das Wasser des Atlantiks hier die meiste Zeit des Jahres ziemlich frisch ist.

Von Esposende aus gibt es zahlreiche Busverbindungen in Richtung Braga, Barcelos, Porto und Viana do Castelo. Am Wochenende fahren die Busse ab 18 Uhr allerdings sehr selten *(siehe auch: Karte Seite 37)*. Von Porto aus dauert die Fahrt ca. 1 1/2 Std. Die Webseite für den Bus ist: www.avminho.pt

Übernachten in Esposende

Wer den letzten Bus zurück nach Porto verpasst, was vor allem am Wochenende leicht mal passieren kann, muss nicht zwingend am Strand übernachten.

In und um Esposende und Ofir gibt es viele Hotels, Pensionen, einen Campingplatz und einige Ferienhäuser.

Turismo in Esposende: R. Narciso Ferreira 120, Tel.+351 253 960 100 www.visitesposende.com.

Amarante

Im 13. Jahrhundert baute der Heilige São Gonçalo am Ufer des Rio Tâmega eine Kapelle und ließ eine Brücke über den Fluss bauen. Über ein Pilgerweg kamen viele Gläubige, um seine Predigten zu hören. Schließlich ließen sich einige hier nieder, und so entstand der Geschichte nach das heutige Amarante.

Der Bauboom der 1990- und 2000er Jahre hat auch hier die nähere Umgebung nicht gerade verschönert, aber ein Ausflug

Eingang zum Markt von Barcelos

Linke Seite unten: Amarante, Blick auf das ehemalige Kloster São Gonçalo und die alte Brücke über den Rio Tâmega

Unten: Strand von Esposende

nach Amarante ist dennoch eine lohnende Aktion. Die Lage ist traumhaft und der kleine historische Ortskern bezaubernd.

Das Wahrzeichen der Stadt ist das ehemalige Kloster São Gonçalo mit der gleichnamigen Klosterkirche „Igreja de São Gonçalo", erbaut im 16. und 17. Jahrhundert. Gleich nebenan befindet sich die Igreja São Domingo, der man ebenfalls einen Besuch abstatten sollte. Auch die Kirche Igreja São Pedro an der Rua Miguel Pinto Martins lohnt eine Besichtigung. Wunderschön im Umland gelegen sind die Kirche Igreja Gatão und das Kloster Freixo de Baixo.

Liebhaber sakraler Kunst werden im Museu de Arte Sacra fündig. Weltlicheres ist im Museu Amadeo Souza Cardoso zu sehen, das neben einer Sammlung des gleichnamigen portugiesischen Malers auch andere zeitgenössische Kunstwerke in tollen Ausstellungsräumen beherbergt.

Amarante erreicht man von Porto mit dem Bus. Richtung Vila Real fahren Expressbusse der Gesellschaft Roda Norte fast im Stundentakt. Von und nach Porto dauert die Fahrt ca. 1 Stunde.

(Siehe auch: Von Porto nach ..., Seite 34)

Übernachten in Amarante

Amarante ist zwar nicht der Ort, in den die Massen strömen, doch gibt es auch nicht allzu viele Unterkünfte. Im Sommer sollte man deshalb lieber vorher ein Zimmer reservieren.

Edel und teuer:
Casa da Calçada *****
Largo do Paço 6
Tel. +351 255 410 830
www.casadacalcada.com/pt
Günstig aber auch schön:
Hotel Amaranto *** Rua Acácio
Tel. 255/410840
www.hotelamaranto.com/
Hotel Navarras ***
Rua António Carneiro, Tel. 255/431036
www.hotelnavarras.com
Jugendherberge
Casa de Cultura e Juventude de Amarante, Avenida General Silveira 193, Cepelos, +351/255420234
www.cj-amarante.org
Außerdem gibt es zwei **Campingplätze** am nördlichen Ufer des Rio Tâmega.
Turismo in Amarante: R. 31 de Janeiro 32, Tel.+351 255 420 246
www.cm-amarante.pt

Das Dourotal

Ein Ausflug ins Dourotal zählt sicherlich zu den Höhepunkten einer jeden Nordportugalreise. Der Douro ist für die Menschen in dieser Region ein mythischer Fluss, viel besungen und Symbol für den Norden Portugals. Er bildete die südliche Grenze des ersten Staates Portugal, aus dem die Mauren Mitte des 12. Jhd. endgültig vertrieben wurden und womit die Geburtsstunde des Landes in seinen heutigen Grenzen begann.

Azulejobild am Bahnhof von Pinhão

Der Douro war schon immer die Lebensader in dieser Region und ist der wasserreichste Fluss weit und breit. Auf ihm wurden Menschen und Güter transportiert und vor allem der Wein aus dem Dourotal nach Porto. Der Douro war nie ein einfacher Wasserweg. Viele Riffe und enge Abschnitte bilden Hindernisse, und nur durch mächtige Schleusen wurde der Fluss schiffbar gemacht. Heute schippern auf ihm aber im Grunde nur noch Touristen. Der Wein und andere Güter nehmen längst den schnelleren Weg per Bahn oder LKW.

Peso da Régua

Peso da Régua oder einfach nur Régua, ist das Zentrum der Portweinregion. Régua gehört sicherlich nicht zu den Städten, die man als schön bezeichnen würde. Die Reste der beschaulichen Altstadt sind umzingelt von scheinbar planlos in die Landschaft gestellten Neubauten mit unterschiedlichem Hässlichkeitsgrad.

Allerdings besticht der Ort durch seine Lage am Ufer des Douro und gestattet schöne Ausblicke auf den Fluss und die ihn umgebende Landschaft. An der schönen Uferstraße kann man spazieren gehen oder mit dem Fahrrad fahren. In der Altstadt findet man einige nette Restaurants und Cafés.

Für Erkundungen ins Dourotal ist Régua ein ausgezeichneter Stützpunkt, vor allem für Reisende, die mit öffentlichen Verkehrsmitteln unterwegs sind. Hier gibt es zahlreiche Unterkünfte für jedes Budget und ausgezeichnete Verkehrsanbindungen in die Orte der Region.

Régua ist auch die zentrale Anlaufstelle für Bootsfahrten aller Art auf dem Fluss. Hier legen sowohl die großen Kreuzfahrtschiffe wie auch kleine Boote für kürzere Bootstouren auf dem Fluss an, die man vor Ort buchen kann.

Régua erreicht man von Porto aus am besten mit dem Zug, die Fahrt dauert ca. 1 Stunde und 45 Minuten.

Den Douro erkunden

Auf dem Wasser

Flussfahrten auf dem Douro werden schon von Porto aus angeboten, *(siehe auch: Porto, Flussfahrten auf dem Douro Seite 28)* wer jedoch genügend Zeit hat, für den bietet sich Régua als Ausgangspunkt an. Von dort aus starten die Bootstouren flussaufwärts in die Weinregion. Zwar kann man auch von Porto aus Schiffstouren z.B. bis Pinhão buchen *(siehe auch: Pinhão),* aber dafür muss man dann schon etwas tiefer in die Tasche greifen bei Preisen ab ca. 80 EUR.

Touren z. B. von Régua nach Pinhão gibt es hingegen schon ab ca. 60 EUR. Die absolut günstigste Variante, um die Weinregion des Douros von Régua aus

Auf dem Douro zwischen Pinhão und Tua. Unten: Bahnhof am Douro, zwischen Pinhão und Pocinho

per Schiff zu erkunden, ist die Fahrt mit der Bahn nach Pinhão. Von dort aus starten Bootstouren, die den Fluss bis Tua hinauf und wieder zurück fahren. Für ca. 20 EUR ein kleiner aber feiner Ausflug.

Mit der Bahn

Die Fahrt von Régua bis zur Endstation nach Pocinho mit der Bahn ist die individuelle Variante zu organisierten Dourotouren, die oft auch in Kombination mit Flussfahrten angeboten werden.

Von Régua aus gibt es mehrere Verbindungen täglich, die Fahrt dauert ca. 90 Min. Die Bahn fährt meist dicht am Fluss entlang, manchesmal durch Tunnels und hält an kleinen Bahnhöfen, deren Orte auf kaum einer Landkarten verzeichnet sind. Das Flussufer ist zu steil für Straßen, hier fährt nur noch die Bahn. Eine Sightseeingtour der besonderen Art, grandiose Landschaften und der sich immer wieder verändernde Fluss ziehen am staunenden Betrachter vorbei.

In Pocinho angekommen, wird es wieder urbaner und ein großes Kraftwerk stört die Optik. Der Ort ist nicht sehr schön und hat noch weniger zu bieten. Hier kann man im Grunde nichts anderes tun, als auf den nächsten Zug zurück zu warten. Deshalb ist es ratsam sich vor der Fahrt genau zu erkundigen, wann der nächste und vor allem der letzte Zug zurück fährt. Im Bahnhof von Régua sind Fahrpläne zum Mitnehmen erhältlich. Was für Pocinho gilt, trifft auch auf alle anderen Orte auf der Strecke zu, mit Ausnahme von Pinhão *(siehe unten)*. Meistens gibt es nicht einmal die Möglichkeit irgendwo einen Kaffee zu trinken.

Pinhão

Pinhão liegt mitten in der Portweinregion. Es ist der einzige Ort am Douro zwischen Régua und Pocinho, der eine touristische Infrastruktur hat, die ihren Namen verdient. All zu viel wird allerdings nicht geboten. Neben der Luxusherberge „The Vintage House" noch zwei drei kleine Hotels, einige Restaurants, Cafés und Souvenirgeschäfte – damit hat es sich im Grunde schon. Die Attraktionen sind hier die Lage am Fluss und der kleine Bahnhof, der für seine mit Azulejos geschmückte Fassade berühmt ist.

WepTipp: www.cruzeiros-douro.pt

Rota da Luz

Auf der Rota das Laranjeiras

Für die meisten Reisenden bedeutet der Bezirk südlich von Porto: Sommer, Sonne, Strand und Meer. Ca. 80 km Küste hat die Rota da Luz, die „Route des Lichts" (oder ganz profan, Distrito de Aveiro), zu bieten, und praktisch alles davon ist Strand.

Man würde dem Gebiet aber nicht gerecht, wenn man es auf seine Küste, die Costa da Prata, reduzieren würde. Hinter Aveiro wird die Landschaft hügelig und steigt gegen Osten zu den Gebirgen Serra da Arada im Norden und der Serra do Caramulo im Süden steil an, bis zu 1119 m über dem Meer in der Serra da Arada. Dort ist man dann allerdings schon im Distrikt Viseu. *(Siehe auch: Viseu, Seite 77)*. Hier ist die Landschaft grün, Wälder, Weinberge, Flüsse und Seen prägen das Bild.

Die Rota da Luz hat viele fantastische Landschaften zu bieten. Auch wenn sich die „Häusermeere" der wirtschaftlich erfolgreichen Orte wie Aveiro an der Küste, Águeda oder Oliveira de Azeméis im Landesinnern immer weiter in die Landschaft fressen, gibt es sie noch, die beschaulichen Orte, an denen man die Seele baumeln lassen kann.

Den Rio Vouga hinauf, trifft man auf die „Rota das Laranjeiras" ein Rad- und Wanderrundweg, vorbei an Orangenplantagen, entlang einer alten Schmalspurbahntrasse.

Leider ist der Tourismus in dieser Gegend mehr auf den Individualverkehr zugeschnitten. Zwar kann man z. B. von Aveiro aus die meisten Orte der Rota da Luz mit Bus oder Bahn erreichen, die Verbindungen sind jedoch sehr spärlich und zu den Naturschönheiten kommt man mit öffentlichen Verkehrsmitteln gar nicht hin. Man muss also auf ein Taxi zurückgreifen, *(siehe auch: mit dem Taxi, Seite 84)* für den Preis kann man sich dann aber auch schon ein Auto mieten.

Für Strandfans gibt es, wie eingangs schon erwähnt, jede Menge Alternativen. Südlich und nördlich von Aveiro *(siehe auch: Aveiro)* gibt es viele Badeorte, die keine Wünsche offen lassen.

Ausflug zum Grande Hotel de Buçaco

Buçaco, ca. 40 km von Aveiro entfernt, gehört zwar nicht mehr zum Gebiet der Rota da Luz, das Fünfsternehotel mit seiner prächtiger Gartenanlage ist aber auf jeden Fall einen Ausflug wert. Untergebracht in einem Palast aus dem 18. Jh., gehört es mit Sicherheit zu den beeindruckendsten Bauwerken Portugals.

Unterwegs in der „Rota da Luz"

Von Porto aus erreicht man Aveiro am besten mit dem Zug. Da es direkt auf der Strecke Porto – Lissabon liegt, gibt es tägl. mehrere Verbindungen von den Bahnhöfen Campanhã und São Bento aus *(siehe auch: Seite 34 Von Porto nach …)*.

Auch das Landesinnere der Rota da Luz kann man theoretisch mit Bus und Bahn erkunden, die Verbindungen sind aber überschaubar, häufig kompliziert und zeitaufwendig. Zu den Stränden, Vagueira, Mira, Gafanha, S. Jacinto und den Badeorten **Barra und Costa Nova** *(siehe auch: Barra und Costa Nova, Seite 44)* gibt es Busverbindungen von Aveiro aus, deren Häufigkeit abhängig von der Jahreszeit ist. Die Bushaltestelle befindet sich am Canal Central in der Rua Clube dos Galitos

*Canal Central
Unten: an der Praça
do Peixe*

Aveiro, das Venedig Portugals

Aveiro war einst einer der wichtigsten Häfen Portugals, welcher der Stadt Reichtum bescherte, bis sich 1575 infolge eines Unwetters Unmengen von Schlamm vor der Mündung des Rio Vouga ablagerten und so der Zugang zum Meer für Schiffe unpassierbar wurde.

Heute liegt die Stadt ca. 8 km im Landesinnern nahe dem Haff, der Ria de Aveiro. Aveiro ist durchzogen von Kanälen, die ihm den Ruf vom Venedig Portugals einbrachten. Das ist allerdings etwas übertrieben und trifft allenfalls bei Hochwasserkatastrophen zu. Ganze acht Kanäle durchziehen die Stadt, was ihren Reiz jedoch keinesfalls schmälert.

Aveiro hat heute ca. 80.000 Einwohner, ist Universitätsstadt und ein expandierender Ort. Industrie im Umland und der Tourismus haben der Stadt heute neuen Wohlstand gebracht, und nicht nur das nahe gelegene Meer macht Aveiro mit seiner reizvollen Altstadt zu einem lohnenden Reiseziel.

Architekturfans kommen in jedem Fall auf ihre Kosten. Prächtige Altbauten aus verschiedenen Epochen reihen sich am Canal Central aneinander und selbst die Architektur des neuen Einkaufszentrums ist durchaus gelungen.

Auch für Liebhaber sakraler Wunderwerke ist gesorgt. Das **Museu de Aveiro** ist eines der wichtigsten Museen Portugals für sakrale Kunst, beherbergt im ehemaligen Nonnenkloster „Convento de Jesus" aus dem 15. Jh. Hier lebte und starb im 15. Jh. die Heilige Prinzessin Joana, Tochter des Königs Afonso V. Sehr zu empfehlen, selbst für Menschen, die dem Sakralen sonst nicht so viel abgewinnen können.

Auch die Kathedrale „Catedral e Cruzeiro de S. Domingos", deren Bau im 15. Jh. begonnen wurde, ist äußerst sehenswert.

Sehr weltlich hingegen geht's am Largo da Praça do Peixe zu. Am Platz um die alte Fischmarkthalle herum, dessen Name Programm ist (Praça do Peixe heißt „Platz der Fische"), sind viele Bars, Kneipen und Discotheken entstanden. Vor allem an Wochenenden tobt hier ab ca. 23 Uhr das Nachtleben.

Naturfreunde kommen in der Ria do Aveiro auf ihre Kosten. Hier kann man wunderbar wandern, Fahrrad fahren, oder sich mit einem Boot durch die Kanäle schippern lassen.

Hochwasser in der Altstadt von Aveiro

Spaziergang zu den Salinen

Zu den nahe der Altstadt gelegenen Salinen, gelangt man entlang des Canal Central am Ufer der Rua Clube d. Galitos. Unter der Autobahnbrücke hindurch, sind sie leicht zu finden. Dort gibt es einen kleinen Shop, wo man u. a. hier gewonnenes Salz in allen Variationen erstehen kann. Des weiteren hat man dort die Möglichkeit sich eine Führung durch die Salinen zu organisieren, ein Schlammbad in einem der Salzbecken zu nehmen oder einfach nur bei einem Getränk die Landschaft zu genießen. Ein netter und in der Regel ruhiger Ort.

An der Praça do Mercado 2 kann man **kostenlos Fahrräder mieten**. Leider darf man mit ihnen das Stadtgebiet nicht verlassen (Infos beim Turismo).

An der nahe gelegenen Küste liegen viele Badeorte, die zwei bekanntesten davon sind die ca. 10 km entfernten Orte Barra und Costa Nova.

Barra und Costa Nova sind einerseits Badeorte mit allem, was das Touristenherz begehrt, mit Bars, Restaurants und jeder Menge Unterkünften. Andererseits sind es Orte, die keiner braucht, wobei Costa Nova sicherlich noch der attraktivere ist. Beide haben schöne Badestrände, die allerdings im Sommer und ganz besonders an den Wochenenden gut besucht sind. Doch in Richtung Süden dehnen sie sich praktisch endlos aus, sodass selbst am Sonntag hier jeder einen Platz findet.

i Turismo in Aveiro: Canal Central, in der Rua João Mendoça.

Wohnen in Aveiro

In und um Aveiro gibt es von der Luxus- bis Jugendherberge zahlreiche Unterkünfte sowie Campingplätze. In den Sommermonaten Juli, August u. September sind sie allerdings auch gut ausgebucht. Auch direkt im historischen Zentrum findet man viele Hotels und kleine günstige Pensionen und in den nahe gelegenen Küstenorten gibt es noch zahlreiche andere Übernachtungsmöglichkeiten.

Im Turismo von Aveiro bekommt man eine Liste mit ausgewählten Hotels und Pensionen, aber die Auswahl viel größer und natürlich empfiehlt sich auch hier ein Blick auf die einschglägigen Hotelportale im Internet.

Hotel Aveiro Palace****
Direkt am canal Central
Tel. +351 234 421 885
Hotel Moliceiro ****
Rua Dr. Barbosa de Magalhães 15
Tel. +351 234 377 400

Hotel José Estêvão**
Rua José Estêvão 23, +351 234 383 964
Pousada da Juventude (Jugendherberge)
R. das Pombas, Edifício do IPJ
Tel. +351 234 482 233
www.pousadasjuventude.pt/pt/pousadas/aveiro/

*Braga, Praça da Republica
Unten: Largo do Paço an der Rua do Souto*

Braga, das Rom Portugals

Braga ist eine der ältesten Städte Portugals schon vor Christi Geburt gab es hier Siedlungen. Einen Besuch des „Roms Portugals" sollte man keinesfalls versäumen. Wenn auch der Vergleich mit der Hauptstadt Italiens etwas hinkt, ist Braga dennoch das religiöse Zentrum Portugals. Die mächtigsten Kirchenfürsten hatten und haben hier ihren Sitz und Einfluss.

Braga ist die Provinzhauptstadt des Minho. Wirtschaftlich nimmt sie nach Porto den zweiten Platz in der Region ein und ist mit ca. 170.000 Einwohnern ein expandierender Ort.

Wer in Portugal reist und noch nicht genug Kirchen besichtigt hat, kann sich hier den Rest geben. Man sieht sozusagen die Kathedrale vor Kirchen nicht.

Über 30 Kirchen gibt es im Stadtgebiet. Auf jeden Fall lohnt es sich, die eine oder andere zu besichtigen, sie sind alle einen Spaziergang wert.

Aber der Ort hat nicht nur Kirchen zu bieten. Braga ist, um noch einmal Hugues Demeude zu zitieren „eine Stadt mit Stil". *(Hugues Demeude, siehe auch: Porto Seite. 15)*

Hat man erst einmal die „Neustadt", den fantasielosen und immer breiter werdenden Speckgürtel um die Altstadt, überwunden, so betritt man eine der schönsten Städte Portugals.

Enge Gassen mit historischer Architektur, Stadtpaläste, freie Plätze mit üppigem Grün, Brunnen und Wasserfontänen sowie Wohnhäuser aus der Gründerzeit und, wie schon erwähnt, jede Menge Gotteshäuser gibt es zu bestaunen.

Kommt man vom Bahnhof, so betritt man die Altstadt von Braga durch das Stadttor Arco da Porta Nova aus dem 18. Jh.

Jetzt kann man sich entspannen und einfach durch die Straßen treiben lassen. Man befindet sich zunächst auf der Rua do Souto. Immer geradeaus, rechter Hand an der Kathedrale vorbei, die man nicht ignorieren sollte, geht's ins Zentrum, zur Praça da Republica. Hier kann man wunderbar in einem der Straßencafés sitzen und den lieben Gott einen guten Mann sein lassen.

Die **Kathedrale von Braga** ist eines der beeindruckendsten Bauwerke ihrer Art. Begonnen hat man mit dem Bau im 12. Jh. und über die Jahrhunderte hinweg einen ganzen Kirchenkomplex mit verschiedenen Kapellen, Kreuzgängen und Innenhöfen errichtet. Gotisches, Romanisches und Barockes gibt es hier zu bestaunen, sehr beindruckend ist die Orgel im Hauptschiff.

Bibliophilen Menschen ist ein Besuch der Bibliothek im ehemaligen **Bischofspalast** zu empfehlen, ebenfalls in der Rua do Souto, gleich gegenüber der Kathedrale gelegen.

Auch das Rathaus unweit der Kathedrale an der Praça do Municipio, lohnt den Besuch. Es ist eines der schönsten barocken Profangebäude der Stadt,

Das Stadttor Arco da Porta Nova

manche behaupten sogar, ganz Portugals. Der „Barockweg" durch Braga, über den es im Turismo eine Broschüre gibt, führt noch an 28 weiteren architektonischen Wunderwerken, die mehr oder weniger dieser Epoche zugerechnet werden, vorbei.

Wer in Nordportugal reist, kommt an ihrem Bild gar nicht vorbei: Die **Wallfahrtskirche Bom Jesus do Monte** mit ihrem imposanten Treppenaufgang ist hundertfach fotografiert und abgedruckt worden. Doch nicht nur deshalb ist das Gotteshaus, das im 19. Jh. gebaut wurde, eines der meist besuchten Sehenswürdigkeiten Portugals**.**

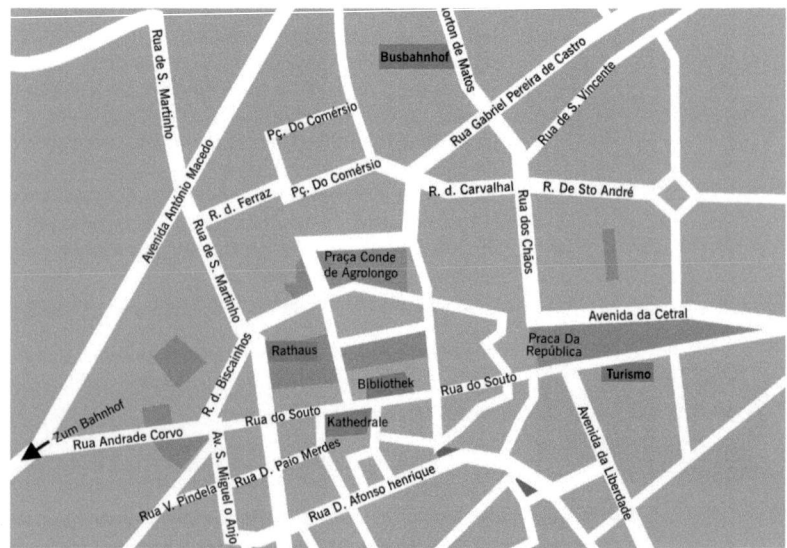

*Parkanlage im Centrum
Unten: Die Wallfahrtskirche Bom Jesus*

Zur Kirche, die nach Fatima Portugals berühmtester Wallfahrtsort ist, geht man am besten die fast 600 Stufen zu Fuß hinauf. Der Treppenaufgang, dessen Bau im 18. Jh. begonnen wurde, führt an 14 Stationskapellen, die den Leidensweg Christi beschreiben, an plätschernden Brunnen und Heiligenstatuen vorbei. Bequemere Zeitgenossen können auch mit dem Auto die Straße hinauffahren oder die museale Standseilbahn besteigen, die für sich schon ein Erlebnis ist.

Oben angelangt, wird für die meisten Besucher die Kirche fast zur Nebensache. Als Erstes wird man von einem grandiosen Blick über die Landschaft in Richtung Atlantik überwältigt. Der angelegte Park und ein Gartencafé laden eher zum Verweilen im Freien ein. Im angrenzenden Wald kann man wunderbar spazieren gehen oder picknicken, wovon vor allem am Wochenende auch viele Portugiesen Gebrauch machen.

Wer mit einem extravaganten Ausblick logieren möchte, dem sei das Viersternehotel Hotel do Elevador, das sich hier oben befindet, empfohlen. *(Siehe auch: Wohnen in Braga Seite 48)*
Von Braga aus fahren Stadtbusse *(Haltestelle in der Avenida da Liberdade)* bis zum Anfang des Treppenaufgangs, wo auch die Fahrt mit der Standseilbahn startet.

Nicht ganz so berühmt und erst im 20. Jh. auf der gleichen Bergkette errichtet ist die riesige Anlage auf dem Monte **Sameiro**, die hier um die **Basilica Nossa Senhora** angelegt wurde. Auch von hier aus hat man einen fantastischen Blick ins Tal.

Ein ca. 2 km langer Wanderweg durch den Wald verbindet die beiden Kirchen, leicht zu finden.

Im nahe gelegenen Falperrawald (ca. 3 km) kann man die im 18. Jh. von einem Architekten aus Braga, André Soares da Silva, im Barock- und Rokokostil erbaute Kirche **„Igreja de Santa Maria Madalena"** bestaunen.

Braga ist zwar am meisten für seine sakrale Kultur bekannt, doch Braga ist auch Universitätsstadt. Sie hat eine sehr junge Bevölkerungsstruktur und jede Menge Weltliches zu bieten: Alljährliche Festivals für Jazz und Fotografie, Restaurants, Cafés, Bars, Theater, Kino, Diskotheken. Wer große Einkaufszentren mag, wird in der Avenida Central und der Avenida Liberdade fündig.

Braga eignet sich auch hervorragend als Stützpunkt für Ausflüge in die Umgebung. Wegen seiner guten Anbindungen mit Bus und Bahn ist es besonders geeignet für Reisende, die mit öffentlichen Verkehrsmitteln die Gegend erkunden möchten.

Lohnende Ausflugsziele, die man gut mit Bussen erreichen kann, sind z. B.: Gerês und Campo do Gerês im Nationalpark Peneda Gerês *(siehe auch: Seite 61)* oder Guimarães *(siehe auch: Seite 53)*

Basilica auf dem Monte Sameiro

i Das Turismo in Braga befindet sich in der Avenida Central, Ecke Avenida da Liberdade. Hier bekommt man Informationen über Sehenswürdigkeiten und Unterkünfte. Auch einen Busfahrplan für die Orte Gerês und Campo do Gerês kann man erhalten.
Tel. +351 253 262550

Wohnen in Braga

Auch für Braga gilt in der Hochsaison und ganz besonders an religiösen Feiertagen und bei Kulturellen Festivals: Unbedingt vor der Anreise ein Zimmer reservieren! Hier einige zentral gelegene Hotels:

Hotel Dona Sofia ***, Largo S. João do Souto 131, +351 253 263 160
Hotel da Estação *** Largo da Estação 13, Tel. +351 253 218 381
Basic Braga by Axis, Largo da Estação 732, Tel. +351 253 148 000
Hotel ibis Braga ** Rua do Carmo 13 Tel. +351 253 204 800

Hotel Residencial C. C. Avenida Avenida Central, 27 – 37, Bloco
Tel. +351 253 275 722
Bragatruthotel, Rua de São Marcos 80, Tel. +351 253 277 187
Außerhalb der Stadt:
Hotel do Elevador **** Parque do Bom Jesus do Monte, Tel. +351 253 603 400

Von und nach Braga

BAHN. Von Porto aus erreicht man Braga am besten mit dem Zug. Es gibt tägl. mehrere Verbindungen von den Bahnhöfen Campanhã und São Bento. Die Fahrt dauert ca. 1 Std. 40 Min. Vom Bahnhof in Braga aus ist man in ca. 15 Minuten zu Fuß in der Altstadt.
BUS. In der Av. General Norton de Matos, der Verlängerung der Rua dos Chãos, ebenfalls nicht weit vom Zentrum entfernt, liegt der zentrale Busbahnhof, in dem verschiedene Busgesellschaften ihren Standort haben. Von hier aus kann man fast jeden Ort im Norden erreichen. Auch Expressbusse zum Flughafen in Porto starten von hier.
Für Busverbindungen sind folgende Webseiten mit Fahrplänen interessant:
www.busbud.com | www.transdev.pt | www.getbus.eu | www.rodonorte.pt
www.avtamega.pt | www.autocareslazara.com | Hier kann man auch Tickets reservieren!

Die Burg von Bragança Unten: Das neue Theater „Teatro Municipal de Bragança"

Bragança, hinter den Bergen

Trás-os-Montes – „hinter den Bergen" heißt die Region im Nordosten Portugals, deren östlichste Stadt Bragança ist. 20 Kilometer von der spanischen Grenze entfernt, waren die Stadt wie auch ihre Region lange Zeit eine der rückständigsten in Europa. Das allerdings hat sich in den letzten Jahren dank EU-Zugehörigkeit und neuer Straßen stark verändert.

Gab es bis in die 1990er Jahre in der heute ca. 18.000- Einwohner-Stadt nicht einmal ein Kino, so schmückt sich der Ort inzwischen mit einem modernen Musentempel, dem „Teatro Municipal de Bragança", welches man als ein Synonym für den Aufschwung der Region bezeichnen könnte.

Bragança blickt allerdings auf eine lange und teilweise durchaus glanzvolle Geschichte zurück. Schon zu römischen Zeiten gab es hier eine Festung, und der Ort wurde später zum Stammsitz der Herzöge von Bragança, aus deren Geschlecht vom 17. Jh. an bis zum Ende der Monarchie 1910 alle Könige Portugals hervorgingen.

Heute verfügt der Ort über zwei Stadtzentren – man gönnt sich ja sonst nichts –, die durch ein Tal getrennt auf zwei Hügeln liegen. In der „Neustadt", im nördlichen Teil, gibt es außer dem schon erwähnten Teatro Muncipal mit angrenzendem modernen Einkaufszentrum und dem alten stillgelegten Bahnhof, der heute zentraler Busbahnhof ist, für Besucher nichts Erwähnenswertes.

Die Altstadt im Süden hingegen hat jede Menge Attraktionen zu bieten. Hoch über dem Ort thront die im 12. Jh. vom König Sancho I. errichtete Festung, in deren Hauptturm ein Militärmuseum untergebracht ist. Die Festungsmauern umschließen auch heute

noch komplett den einzigartigen mittelalterlichen Stadtkern Braganças.

Von hier aus hat man einen fantastischen Blick über „das Land hinter den
Bergen" bis nach Spanien.

Sehenswert sind auch die Kirche
„Igreja Santa Maria" aus dem 18. Jh.,
die ein wunderschönes Deckengemälde
schmückt, das alte Rathaus Domus
Municipalis, welches zu den schönsten
romanischen Profanbauten der iberi-
schen Halbinsel zählt, und die außerhalb der Festung, in der Rua S. Francisco gelegene Kirche „Igreja e Convento
de São Bento".

In der Altstadt von Bragança

liche Dörfer, alte Klöster und schroffe
Bergketten, die bis 1400 m ansteigen.

Auf halber Strecke zwischen Bragança
und dem südwestlicher gelegenen Mirandela, beim Örtchen Santa Combinha, liegt
ein wunderschöner See, an dem sich
mehrere Pensionen befinden – ein idealer
Platz zum Baden und Entspannen.

Nicht zuletzt bildet das historische
Zentrum unterhalb der Festung mit seinen alten Stadthäusern, engen Gassen
und freien Plätzen sowie den vielen Cafés und Geschäften ein stimmiges En-
semble und zählt sicherlich mit zu den
schönsten in Portugal.

Die größte Attraktion Braganças ist
aber zweifellos die Landschaft, die die
Stadt umgibt, und selbstredend ist Bragança der ideale Stützpunkt für Ausflüge
in die Umgebung.

Bragança gehört zur touristischen Region Nordeste Transmontano. Der nahe gelegene Naturpark Montesinho bietet eine
atemberaubende Landschaft, mittelalter-

Steuert man Bragança etwa von Porto
aus an, führt der Weg über Vila Real.
(Siehe auch: Vila Real, Seite 75)

Ist bis dorthin die Landschaft – wenn
sie auch immer mehr unter Zersiedelung
leidet – schon ein Traum, so beginnt hinter Vila Real das ganz große Kino.

Beim Durch- und Überqueren der Gebirgslandschaften kommt man aus dem
Staunen nicht mehr heraus und stellt be-
friedigt fest, dass hier, auf den Berghängen,
keine Häuser mehr wachsen, sondern nur
noch Bäume und andere Pflanzen.

Wohnen in Bragança

In Bragança gibt es viele Hotels und
Pensionen, eine Jugendherberge und
zwei Campingplätze ca. 6 bzw. 8 km
vom Centrum entfernt.

Hotel Turismo S. Lázaro **** Av. Cidade
de Zamora, Tel. +351 273 310 070

Hotel Ibis ** Rotunda do Lavrador
Transmontano, Avenida das Forças Ar-
madas, Tel. +351 273 302 520

Albergaria Nordeste Shalom ***
Endereço: Avenida Abade Baçal 39
Tel. +351 273 331 667

HI Hostel Bragança -
Pousada de Juventude (Jugendherberge),
Avenida 22 de Maio, 5300
Tel. +351 273 329 231
www.hihostels.com

i Turismo: Av. Cidade de Zamora
Tel. +351 273 381 273

Von und nach Bragança

BUS. Vom zentralen Busbahnhof in der „Neustadt", Rua da Estação, fahren Busse
in alle größeren Orte im Norden, aber auch nach Lissabon und Spanien.

Über den Dächern von Chaves
Unten: Castelo de Chaves

Chaves, der Schlüssel

Die ca. 15.000 Einwohner zählende Stadt Chaves am Rio Tâmega gehört wie Bragança zur Region Trás-os-Montes und ihr Name bedeutet „Schlüssel".

In der bewegten Geschichte Portugals war Chaves ein strategisch wichtiger Ort, nur ca. 11 km von der nordspanischen Grenze entfernt, der Schlüssel zum Nordosten Portugals eben. Wer an den Atlantik wollte, kam an ihren Festungsmauern nicht vorbei. Hier lag die Brücke über den Rio Tâmega auf der Straße von Braga nach Rom, welche die Römer angelegt hatten.

Die Römer fanden vor allem der Thermalquellen wegen Gefallen an der Gegend, was den römischen Kaiser Flávio Vespassiano (79-96 n. Chr.) dazu inspirierte, den Ort „Aqua Flaviae" zu nennen.

Die Römer und die vielen kriegerischen Auseinandersetzungen mit Suewben, Mauren, Spaniern und Franzosen, denen Chaves in der Vergangenheit ausgesetzt war, sind Geschichte. Die Thermalquellen jedoch erfreuen sich bis heute großer Beliebtheit.

Das Zentrum der Stadt wird vom Turm des Castelo de Chaves beherrscht, in dem sich heute ein kleines Militärmuseum befindet. Wer sich die Mühe macht, den Turm zu besteigen, wird mit einem fantastischen Blick über die Gegend belohnt.

Unweit des Castelos liegen weitere Sehenswürdigkeiten, wie der ehemalige Palast der Herzöge von Bragança am Largo de Camões oder die beiden Kirchen „Igreja da Misericórdia" mit ihrer prächtigen Barockfassade und die von außen schlichte „Igreja Matriz" romanischen Ursprungs.

In der Nähe des Zentrums, im Forte de S. Francisco, einer Wehranlage aus dem 17. Jh., befindet sich heute das gleichnamige Vier-Sterne-Hotel.

Das Vidago Palace Hotel

Menschen, die Burgen langweilen und denen historische Gebäude gleichgültig sind, sollten dennoch einen Ausflug nach Chaves in Erwägung ziehen, denn Chaves gehört zu den Orten in Nordportugal, die man schon wegen der Fahrt dorthin besuchen sollte. Dabei ist es egal, ob man vom Nordwesten über Braga oder vom Süden über Vila Real anreist. Die Landschaft ist auf jeder Route atemberaubend.

Chaves ist heute der Schlüssel zum Thermalgebiet Alto Tâmego. Ein guter Stützpunkt für Unternehmungen in dieser schönen und vielfältigen Gegend.

40 km entfernt in Richtung Braga liegt der grandiose **„Barragem do Alto Rabagão"**, einer der schönsten Stauseen des Landes.

Auch die nahe gelegenen Thermalbäder auf der Strecke nach Vila Real *(siehe auch: Vila Real, Seite 75)*, Vidago und Pedras Salgadas, *siehe unten*, sind lohnende Ausflugsziele.

Das Thermalbad **Vidago**, ca. 25 km von Chaves entfernt, hat sicher schon bessere Zeiten erlebt, aber die liegen lange zurück.

Die verbleibenden Attraktionen sind heute das Fünf Sterne Hotel Vidago Palace, ein Prachtbau aus der Gründerzeit, mit seinem Kurpark und dem Thermalbad sowie dem Golfplatz nebenan.

Vor allem am Wochenende kommen viele Spanier hierher, um eine Runde Golf zu spielen und sich zwei Tage lang im Luxushotel verwöhnen zu lassen.

Auch in **Pedras Salgadas,** ca. 35 km von Chaves entfernt, kann man vortrefflich kuren, im weitläufigen Kurpark in Designerhäusern über Baumwipfeln logieren, Mineralwasser aus der Quelle trinken oder gleich im kleinen aber feinen Schwimmbad baden.

Wohnen in Chaves

Luxuriös geht es im Forte S. Francisco zu, wo sich heute das gleichnamige Vier-Sterne-Hotel befindet.

Aber auch für Reisende mit kleinerem Budget gibt es zahlreiche Unterkunftsmöglichkeiten.

Hotel Aquae Flaviae******** Praça do Brasil, Tel. +351 276 309 000

Hotel Forte S. Francisco******** Forte de S. Francisco, Tel. +351 276 333 700

ibis Styles chaves, R. 25 de Abril, 5400 Tel. +351 276 249 440

Hotel Jardim das Caldas, Almeda do Tabolado, Tel. +351 276 331 189

Hotel Termas, Rua do Tabolado 7 Tel. +351 276 333 280

i Turismo: Praça de Camões, 5400 Tel.+351 276 348 180 www.chaves.pt

Von und nach Chaves

BUS. Vom zentralen Busbahnhof „Estação Rodoviária" fahren Busse in Richtung Braga, Vila Real und Bragança.

Der stillgelegte Bahnhof gleich gegenüber macht nicht den Eindruck, als würde von dort aus jemals wieder ein Zug abfahren - wodurch sich die Region sicherlich um eine Attraktion gebracht hat.

*Largo do Toural
Unten: Castelo de
Guimarães*

Guimarães, die Wiege Portugals

Guimarães gehört zu den Orten in Nordportugal, die bei einem Besuch des Landes ganz oben auf der Liste stehen sollten. Die Altstadt wurde von der UNESCO zum Weltkulturerbe erklärt und in den letzten Jahren saniert.

Guimarães ist die „Wiege" Portugals. Hier gründete im Jahre 1139 der erste König, Afonso I., das Königreich Portugal. Ihr Wahrzeichen ist die Burg aus dem 12. Jahrhundert, auf dem „Heiligen Hügel" nördlich der Altstadt errichtet.

Guimarães gehört zur Region des Minho im Nordwesten Portugals. Die Stadt erhebt sich in einem Tal zu Füßen des Berges Penha, dessen Gipfel man von Mai bis September täglich bequem mit einer Seilbahn erreichen kann. In der übrigen Zeit verkehrt diese leider nur an Wochenenden, sodass man auf den Bus zurückgreifen muß.

In der Universitätsstadt und ihren Gemeinden leben ca. 170.000 Einwohner. Wein, der in der Umgebung wächst, Forschung, Industrie und der Tourismus sind heute die wirtschaftlichen Grundlagen der einstigen Königsstadt.

Fährt man nach Guimarães, so besucht man natürlich als Erstes die Burg (falls man Burgen mag). Die Wehranlage aus dem 12. Jahrhundert wurde in den 1940er Jahren renoviert. Für Fans ein Muss, beeindruckend und gigantisch.

Das zweite Monument vergangener Herrschaft ist der Palast der Herzöge von Bragança etwas unterhalb der Burg. Er wurde 1420 erbaut und diente bis zum Tod der Herzogin von Bragança, Constança de Noronha, im Jahr 1480 als herrschaftlicher Wohnsitz.

Einst dem Zerfall ausgeliefert, wurde der Palast zwischen 1937 und 1959 unter Salazar in einer seltsamen Mischung aus gotischer und faschistischer Architektur wiederhergestellt.

Heute ist der ehemalige Palast ein riesiges Museum mit Exponaten aus dem 15. bis 18. Jahrhundert. Gemälde, Skulpturen, Wandteppiche, antikes Mobiliar und Porzellan füllen die Räume. Alles zusammen ist reine Geschmackssache, aber allemal beeindruckend.

Wer sich nicht für Museen interessiert, der schlendert am besten einfach nur durch die Altstadt, wunderschön und bezaubernd.

Straßencafé am Largo da Oliveira in Guimrães

Hervorzuheben wäre der Largo da Oliveira, an dem das alte Rathaus liegt, mit dessen Bau im 14. Jh. begonnen wurde. Im 17. Jh. hat man es umgestaltet, und beherbergt heute ein Kunstmuseum. Am gleichen Platz liegt die Kirche „Igreja N. Sra. da Oliveira", 14. bis 18. Jh. Aber auch Profanes, wie nette Straßencafés, in denen man die historische Architektur auf sich wirken lassen kann, bietet der Largo.

Durch die Arkaden des alten Rathauses gelangt man zur mittelalterlichen Praça de Santiago und von dort in die Rua de S. Maria, die direkt zur Burg führt.

Auch die nähere Umgebung von Guimarães hat einiges zu bieten, so z.B. für Archäologiefans die Ausgrabungsstätte der keltischen Siedlung Citânia de Briteiros aus der Zeit um 800 v. Chr., ca. 8 km nördlich von Guimarães, idyllisch auf einer Anhöhe gelegen.

Der Hausberg **Penha** bietet außer einer fantastischen Sicht und einer tollen Anlage: einen Campingplatz eine Pension, diverse Zeitvertreibe wie Minigolf, Reitplatz, Restaurants und Cafés.
WebTipp: www.guimaraesturismo.com

*i*Turismo: Largo Cónego José Maria Gomes 4800
Tel. +351 253 421 221 / 233

Wohnen in Guimarães

In Guimarães gibt es zwei Pousadas. Die Pousada da Oliveira liegt mitten in der Altstadt am Largo da Oliveira. Wer es nicht ganz so hochherrschaftlich mag, hat die Wahl zwischen mehreren Hotels und Pensionen und einer Jugendherberge.
In der näheren Umgebung gibt es außerdem zwei Campingplätze.

Pousada da Oliveira, Largo da Oliveira 14 | Tel. +351 253 514 157
Hotel de Guimarães **** Rua Dr. Eduardo Almeida 202, Tel. +351 253 424 800
Albergaria Palmeiras, Rua Gil Vicente 62, Tel. +351 253 410 324
Hotel Ibis** Av. Conde de Margaride 12 Tel. +351 253 424 900
HI Hostel (Jugendherberge), Largo do Cidade 8, Tel. +351 253 421 380
www.pousadasjuventude.pt/pt/pousadas/guimaraes

Von und nach Guimarães

Guimarães liegt etwa 50 km vom internationalen Flughafen von Porto entfernt mit direkter Autobahnverbindung (A3 und A7).
BAHN. Züge fahren in Richtung Porto und Viana do Castelo.
BUS. Das nahe gelegene Braga erreicht man mit dem Bus in ca. 50 Minuten.
Vom zentralen Busbahnhof aus gibt es viele Verbindungen zu den meisten Orten im Norden und nach Lissabon. Auch die Busse zum Hausberg Penha starten von hier.

*Über den Dächern
von Guarda*

Guarda – über allen Dächern

Guarda, am Rande der Serra da Estrela, gehört zum Bezirk Beira Alta und ist die mit über 1000 m höchstgelegene Stadt Portugals. Gegründet wurde der Ort vom König Dom Sancho I. Guarda bedeutet so viel wie „Wache". Von der Burg aus, die der König hier 1199 errichten ließ, konnte man feindliche Heere vermutlich schon Tage, bevor sie die Festung erreichten, erspähen. Von der Burg, ein paar Meter oberhalb der Kathedrale gelegen, ist nur noch ein unscheinbarer Turm übrig geblieben (Torre de Menagem). Aber immer noch hat man von hier aus einen Blick über die Landschaft, soweit das Auge reicht.

Außer sich selbst hat Guarda nicht viele Sehenswürdigkeiten zu bieten. Die hat die Stadt angesichts der landschaftlichen Lage aber auch nicht nötig. Die Attraktion ist hier die Umgebung.

Eine Ausnahme macht die Kathedrale an der Praça de Camões, die eine lange Bauzeit vom 14. bis zum 16. Jh. hinter sich hat. Von außen trutzig, im Innern von schlichter Schönheit – wuchtig und gleichzeitig leicht –, hat man hier Gotisches, Manuelitisches und den Stil der Renaissance vereint.

Auch die Praça selbst ist sehenswert. Eingegrenzt von schönen Häusern aus verschiedenen Jahrhunderten, führen von hier aus enge Straßen in die unteren Ortsteile.

In gewohnter portugiesisch-barocker Pracht präsentiert sich die Kirche „Igreja da Misericórdia" unterhalb der Kathedrale.

Wer ohne Museumsbesuch nicht leben kann, für den bietet sich das Museu da Guarda an, ein Regionalmuseum mit Skulpturen und Gemälden.

Guarda ist nicht nur die höchst-, sondern auch die am kältesten gelegene Stadt Portugals. Im Winter ist

sie oft verschneit und hat in ihrer Nähe sogar Skigebiete aufzuweisen, etwa beim Ort Manteigas, ca. 40 km südlich von Guarda in der Serra da Estrela gelegen, und vor allem bei Torre, dem mit 1993 m höchsten Gipfel Portugals.

Guarda ist der ideale Stützpunkt für Touren in die Serra da Estrela, dem Sternengebirge, wie es übersetzt heißt. Von hier aus kann man viele kleine Orte in der Serra mit dem Bus erreichen, wie z.B. das malerisch gelegene Seia, ca. 50 km südwestlich von Guarda, Covilhã im Süden oder das etwas näher gelegene, ca. 30 km entfernte Belmonte. In all diesen Orten gibt es Übernachtungsmöglichkeiten und sie sind ideal für Wandertouren.

Aber auch in der nahen Umgebung von Guarda kann man prima wandern. Man ist relativ schnell aus der Stadt heraus, und vom Torre de Menagem aus *(siehe Seite 55)* kann man sich einen Überblick verschaffen, wo man gerne hinmöchte.

In der Sé (Kathedrale) von Guarda

Nicht zuletzt ist Guarda bekannt für sein ausgezeichnetes Wasser. Ein Paradies für Teetrinker – selbst der einfachste Beuteltee wird hier zum Hochgenuss.

i Das Turismobüro befindet sich in den Arkaden neben der Kathedrale an der Praça de Camões. Hier bekommt man auch ausführliche Informationen über Ausflüge in die Serra da Estrela.
Tel. +351 271 205 530
WebTipp: www.turismodocentro.pt/artigo-regiao/serra-da-estrela

Wohnen in Guarda

In Guarda gibt es mehrere Hotels und Pensionen.
Auch in vielen kleinen Orten der Serra da Estrela gibt es Übernachtungsmöglichkeiten. Diese sind allerdings recht begrenzt, so dass es ratsam ist, sich auch außerhalb der Saison vorher genau zu erkundigen. An Campingplätzen herrscht in der Region aber kein Mangel.

Hotel Lusitânia Parque******** Urb. Quinta das Covas, lote 34, Tel. +351 271 238 285
Hotel de Turismo******* Praça do Município 1, Tel. +351 271 223 366
Hotel Vanguarda******* Av. Monsenhor Mendes do Carmo, Tel. + 351 271 208 390
Residencial Aliança, R. Vasco da Gama 8-A, Tel. +351 271 222 235
Residencial Filipe, R. Vasco da Gama 9 Tel. +351 271 223 658
Casa da Sé, R. de Augusto Gil 6300 Tel. +351 962 484 468

Von und nach Guarda

BAHN: Der Bahnhof liegt ca. 7 km außerhalb der Stadt. Von dort fahren Züge in Richtung Lissabon über Coimbra. Nach Porto mit Umsteigen in Pampilhosa dauert die Fahrt ca. 4 Std.
BUS: Vom zentralen Busbahnhof aus gibt es viele Verbindungen zu allen größeren Orten im Norden, nach Lissabon und in die Serra da Estrela. Kommt man am Busbahnhof an, geht man einfach immer bergauf. So kann man das Zentrum gar nicht verfehlen.

*Die
Wallfahrtskirche
Nossa Senhora
dos Remédios
Unten:
Die Kathedrale
von Lamego*

Lamego

Das einst wildromantische Lamego hat durch die Bauwut der letzten Jahre viel von seinem rauen Charme eingebüßt. Dennoch ist der Ort mit seinen etwas muffeligen Alteingesessenen schon wegen seiner geographischen Lage inmitten der Portweinregion allemal einen Ausflug wert.

Die Wurzeln der Stadt gehen bis ins 2. Jh. zurück und schon im 5. Jh. war Lamego Bischofssitz und der wichtigste Ort in dieser Gegend. 1143 tagte hier das erste portugiesische Parlament, die Versammlung der Stände, wobei Afonso I. als erster König von Portugal bestätigt wurde.

Die Krone und das Wahrzeichen Lamegos ist heute die Wallfahrtskirche Nossa Senhora dos Remédios. 700 Stufen führen hinauf zur 1750-51 erbauten barocken Kirche – ein traumhafter Treppenaufgang mit Kapellen, Brunnen und Heiligenstatuen, der erst im 20. Jh. fertiggestellt wurde. Am 8. September pilgern tausende Gläubige zur Kirche, manche sogar immer noch auf Knien, um Vergebung und Heilung von allerlei weltlichem Ungemach zu erbitten.

Den höchsten Punkt der Altstadt bildet die Burg aus dem 12. Jh. Auch wenn das kleine Castelo nichts besonderes ist, so lohnt doch der Aufstieg durch die mittelalterlich anmutenden Gassen. Der Weg ist hier nicht nur das Ziel, er wird auch noch mit einem schönen Blick über die Gegend belohnt.

Von der blütenreichen Avenida Visconde Guedes Teixeira führen die Straßen zu beiden Seiten in die oberen Stadtteile hinauf. In Richtung Burg geht's links am Theater (Teatro Ribeiro Conceição) vorbei durch die Rua da Olaria, oder man lässt sich einfach bergauf durch die engen Gassen treiben. Die Gefahr, sich in dem kleinen Ort zu verlaufen, ist relativ gering

Das ist aber noch längst nicht alles, was das geschichtsträchtige Lamego zu bieten hat. Außer der Kathedrale, deren Baugeschichte bis ins 12. Jh. zurückgeht, gibt es noch sechs weitere Kirchen im Stadtgebiet. Sehenswert ist die Igreja de S. Francisco neben dem gleichnamigen ehemaligen Kloster, das heute als Kaserne dient. Sie liegt auf einem Hügel gegenüber der Burg und ist in der Regel geschlossen. Doch die freundlichen Soldaten von nebenan öffnen einem gerne die Tür für eine Privatbesichtigung.

Im ehemaligen Bischofspalast unweit der Kathedrale ist heute das **Museu de Lamego** beherbergt. Ein wirklich faszinierendes Museum und sicherlich eines der interessantesten seiner Art. Schon alleine

In der Altstadt von Lamego

der Palast aus dem 18. Jh. ist sehenswert, und die Sammlung steht dem Gebäude, zumindest zum größten Teil, in nichts nach. Zu sehen gibt es Schätze aus dem 14.-19. Jh., feinstgestickte Wandteppiche, Gemälde, Skulpturen, Kapellen mit vergoldeten Schnitzereien, Möbel und Dinge des täglichen Gebrauchs. *(Geöffnet außer an Feiertagen: Dienstag bis Sonntag von 10-18 Uhr)*

Wohnen in Lamego

Das schöne Lamego wird von ausländischen Touristen wenig frequentiert, umso mehr Pilger besuchen den Wallfahrtsort zu den zahlreichen kirchlichen und weltlichen Festen. Daher gibt es für den kleinen Ort erstaunlich viele Übernachtungsmöglichkeiten.
Wer die Stadt zufällig am 8. September besuchen möchte, dem sei empfohlen, lange vorher ein Zimmer zu reservieren, denn da findet das Hauptfest statt und der Ort platzt aus allen Nähten.
Der Besucher hat die Wahl zwischen einem Vier-Sterne-Hotel und mehreren günstigen Unterkünften sowie einem

Campingplatz in der Nähe. Zentral wohnt man in der Av. V. G. Teixeira.
Lamego Hotel **** R. de São João Tel. +351 254 656 171
Hotel São Paulo** Avenida 5 de Outubro 22, Tel. +351 254 613 114
Hotel Solar dos Pachecos, Av. Visconde Guedes Teixeira , +351 254 600 300
Residencial Solar da Sé, Av. Visconde Guedes Teixeira 7, +351 245 612 060
Camping EN2 - Lugar da Raposeira, dort kann man auch Häuser mieten.
www.campinglamego.wixsite.com/webpage

i Turismo: Rua Regimento de Infantaria 9, Tel.+351 254 099 000

Von und nach Lamego

BAHN. Wer von Porto nach Lamego fahren möchte und kein Auto hat, nimmt am besten den Zug nach Régua und von dort dann den Bus nach Lamego. Die Züge fahren fast stündlich, die Fahrt dauert ca. 1 Stunde und 45 Minuten, die Busfahrt von Régua nach Lamego 30 Minuten. Die Zugfahrt von Porto nach Régua ist sehr reizvoll, im letzten Drittel fährt man durch das Dourotal, direkt am Fluss entlang.
BUS. Vom zentralen Busbahnhof, in der Verlängerung zur Av. Vis.Guedes Teixeira hinter dem Museu de Lamego, gibt es gute Verbindungen in Richtung Vila Real und Viseu.

Der Rio Minho bei Monção Unten: Der Wachturm von Melgaço

Monção und Melgaço

D ie beiden ehemaligen Festungsstädte Monção und Melgaço stehen eigentlich nicht auf der Liste der Orte in Portugal, die man unbedingt gesehen haben muss.

Das freut aber den Individualtouristen und vor allem den Liebhaber von Vinho Verde. Denn obwohl in dieser Gegend der beste Vinho Verde angebaut wird, (u. a. Alvarinho) braucht man sich nicht mit Massen von Besuchern um die hier gelagerten Vorräte zu streiten. Aber auch für Reisende, die keinen Wein mögen, haben die beiden Orte und die Region ihren Reiz. Für Reisende ohne eigenes Verkehrsmittel sind sie gute Anlaufpunkte, um diesen Teil des Landes zu erkunden. Man befindet sich hier im Thermalgebiet des Alto Minho. Einige luxuriöse Herbergen in den beiden Orten und der näheren Umgebung *(siehe Seite 60 Wohnen in Monção und Melgaço)* und die Therme in Monção sorgen für einen angenehmen Aufenthalt.

Monção

Monção, im äußersten Norden Portugals gelegen, blickt auf eine lange Geschichte zurück. Schon in der Steinzeit wurde die Region am Rio Minho, dem heutigen Grenzfluss zu Spanien, besiedelt.

Monção lebt von der Landwirtschaft, dem Anbau von Vinho Verde und dem Grenzhandel mit Galizien.

Der Tourismus dürfte noch eine untergeordnete Rolle spielen, obwohl die Gegend viel Potential besitzt, und die touristische Infrastruktur in den letzten Jahren ausgebaut wurde. Allzu viele Sehenswürdigkeiten hat das Thermalkurörtchen nicht zu bieten, aber immerhin kann die sehr schöne Altstadt auf römische bis manuelinische Baukunst verweisen. Die Therme und das Vier-Sterne-Hotel „Hotel das Termas" sind die richtigen Adressen für Wellnessfreaks.

Melgaço

Fährt man von Monção am Rio Minho weiter in Richtung Osten, so kommt man in die ehemalige Festungsstadt Melgaço.

Wer sich in dem Ort über dem Rio Minho im nördlichsten Zipfel Portugals, verläuft, der hat die örtlichen Sehenswürdigkeiten schnell erfasst.

Die durchaus sehenswerte Altstadt mit ihrem 1197 erbauten Wachtturm hat man in 15 Minuten durchschritten. Hier sind die Gassen eng und die jahrhundertealten Häuser aus Granit.

In der Altstadt von Monção

Wegen seiner Nähe zum Nationalpark „Parque Nacional da Peneda-Gerês" ist Melgaço ein guter Stützpunkt, um den westlichen Teil des Parks zu erforschen. *(siehe auch: Seite 61)* Mit etwas Glück kann man an einer geführten Wanderung z.B. in der atemberaubenden Gegend um Castro Laboreiro, ca. 30 km von Melgaço entfernt teilnehmen.

Informationen bekommen Sie in Ihrem Hotel oder beim Turismo.

i **Loja Interativa de Turismo**
Melgaço: Praça da República 133
Tel. +351 251 402 440
Monção: Praça Deu-la-Deu Martins
Tel. +351 251 649 013

Wohnen in Monção und Melgaço

Die Luxushotels, das Hotel Termas de Monção und das zu einem Vier-Sterne-Hotel umgebaute ehemalige Kloster Hotel Rual Convento dos Capuchos in Monção sowie das Hotel Monte de Prado in Melgaço sind schon für sich eine Reise wert. Luxus bei erschwinglichen Preisen, DZ ab ca. 80 EUR.

Für preisbewusstere Menschen gibt es außerdem ein paar Pensionen und zwei Campingplätze in der näheren Umgebung

Unterkünfte in Monção:
Hotel B. Termas de Monção, Avenida das Caldas, Tel. +351 251 030 092
Hotel Convento dos Capuchos
Qta. do Convento dos Capuchos
Tel. +351 251 640 090

Unterkünfte in Melgaço:
Hotel Monte Prado, Lugar do Monte Prado, Tel. +351 251 400 130
Hotel Boavista, Avenida do Peso 1116
Tel. +351 251 416 464

Von und nach Monção und Melgaço

In **Melgaço** gibt es einen zentralen Busterminal. Es gibt Verbindungen in Richtung Porto, Monção Valença, Melgaço, Ponte da Barca und internationalen Zielen. In **Monção** wir es etwas unübersichtlicher hier fahren die Busgesellschaften an unterschiedlichen Stellen ab. Der Platz an dem man ankommt ist nicht zwingend auch der der Abfahrt.

Zu manche Orte sind je nach Jahreszeit die Verbindungen sehr spärlich es bleibt einem nichts anderes übrig als bei der Touristeninformation die aktuellen Fahrzeiten und eventuellen Abfahrtsorte zu erfragen. **WebTip:** rede-expressos.pt | www.avminho.pt

*Im Nationalpark,
„Parque Nacional
da Peneda-Gerês"*

Der Nationalpark -
„Parque Nacional da Peneda-Gerês"

Umrahmt von fünf Gebirgszügen zieht sich mit einer Größe von über 70.000 Hektar der Nationalpark „Parque Nacional da Peneda-Gerês" über 80 km an der spanischen Grenze zwischen der Serra da Peneda und der Serra do Gerês entlang.

Über 100 kleine Ortschaften gibt es im Park, und in manchen Dörfern sieht man sich immer noch wie in eine andere Zeit zurückversetzt.

Die Menschen im Nationalpark leben überwiegend von Ackerbau und Viehzucht. Terrassenförmig ziehen sich Felder die Hänge hinauf, und Pflüge oder Wagen werden häufig noch von Kühen gezogen.

Eine atemberaubende Landschaft, in der man alte Kulturdenkmäler, Hünengräber und eine reiche Flora und Fauna vorfindet.

Das Klima in dieser Gegend ist stark vom Atlantik und den vorherrschenden Westwinden geprägt. Obwohl es im Sommer sehr heiß werden kann, liegt die mittlere Jahrestemperatur unter 10° C. Im Winter liegt in den Hochlagen manchmal sogar Schnee.

Es ist feucht und entsprechend üppig ist die Vegetation. Zahlreiche Wasserfälle und Flussläufe speisen die insgesamt sechs Stauseen, die es im Nationalpark gibt. Man findet Hochmoore, Eukalyptus- und Mischwälder, es gibt Kork- und Steineichen, und in den Tieflagen gedeihen sogar Orangen und Zitronen.

Hier haben Wölfe, Wildschweine, Rotwild, Otter, Schlangen- und Königsadler sowie viele Singvögel ihr Zuhause, aber auch seltene Reptilien, wie die iberische Smaragdeidechse und ausgefallene Insekten, wie die bis zu 7 cm große Gottesanbeterin.

Bekannt ist der Nationalpark auch für seine Wildpferde, die sogenannten Garanos. Diese haben zwar einen Besitzer und sind reinrassig sogar sehr wertvoll, leben aber unbewacht in freier Natur.

Als touristisches Zentrum des Nationalparks könnte man den Ort Vila do Gerês (Caldas do Gerês) bezeichnen

Das alte Kurhaus in Vila do Gerês

Wandern im Nationalpark

Der Nationalpark Peneda-Gerês ist ein ideales Ziel für Wanderungen. Zwar sind die meisten Wanderwege mit öffentlichen Verkehrsmitteln nur schwer oder gar nicht zu erreichen aber es gibt genügend Alternativen, die für mehr als einen Urlaub gut sind.

Beste Möglichkeiten gibt es z.B. bei Gerês oder Campo do Gerês und Soajo (siehe unten).

Vermeiden sollte man es, bei den Orten am Rande des Nationalparks auf Straßen zu wandern. Dort gibt es immer reichlich Verkehr, die Straßen sind in den vielen engen Kurven unübersichtlich und Fußgänger nicht vorgesehen. Außer dass es keinen Spaß macht, andauernd dahinrasendem Blech auszuweichen, besteht hier erhöhte Unfallgefahr.

Vila do Gerês

Vila do Gerês oder einfach Gerês, ist der einzige Ort im Park, der eine touristische Infrastruktur besitzt, die ihren Namen verdient. Allzu viel sollte man aber nicht erwarten. Zwar gibt es sogar eine Discothek, aber Partygänger kommen nicht wirklich auf ihre Kosten. Hauptsächlich besteht Gerês aus einer Straße, die von Hotels, Restaurants und Geschäften gesäumt ist und der Ort ist nicht wirklich schön.

Ein lohnendes Ziel ist Vila do Gerês aber auf jeden Fall. Es ist sehr schön gelegen und der beste Ausgangspunkt für Ausflüge in diesem Teil des Nationalparks.

Wer gute Luft und Ruhe schätzt, kann hier durchaus ein paar Tage verbringen. Es gibt ausreichend Unterkünfte aller Kategorien, einen Kurpark mit Bootsteich, ein klei-

nes, aber feines Schwimmbad und natürlich die Therme. In der es verschiedene Wellnesangebote gibt, gleich an der Hauptstraße gelegen. Nicht zuletzt hebt sich die Küche positiv vom Rest Nordportugals ab, ein kulinarischer Tipp wäre Forelle (port. Truta) aus heimischen Gewässern.

Für Reisende, die auf öffentliche Verkehrsmittel angewiesen sind, ist Vila do Gerês wegen seiner passablen Busverbindungen in Richtung Braga mit die beste Wahl, um den Nationalpark zu erkunden. (Siehe auch: Unterwegs im Nationalpark, Seite 64)

Ca. 1,5 km vom Ortskern entfernt, gibt es zwei Rundwanderwege 5- und 10 km lang, die auch für anspruchsvolle Wanderer gut sind. Informationen und Broschüren mit Wegbeschreibungen darüber bekommt man beim Turismo. Einigermaßen gutes Kartenmaterial über den Nationalpark kann man auch bei der Parkverwaltung in Gerês, Lugar do Vidoeiro 99 finden. (Turismo: siehe Seite 64)

Unterhalb von Vila do Gerês, auf der Straße nach Braga, liegt der Ort **Rio Caldo**. Ort ist etwas übertrieben, es findet diesbezüglich noch weniger statt als in Gerês. Hier wird der Rio Cávado zu einem wunderschönen See gestaut, dem Barragem da Caniçada. Es gibt einige nette Unterkünfte (siehe auch: Wohnen im Nationalpark, Seite 64) und diverse Möglichkeiten, unterschiedliche Wassersportarten zu betreiben.

Campo do Gerês

Ca. 10 km nordwestlich von Gerês, beim Stausee „Vilarinho das Furnas", liegt das Örtchen Campo do Gerês. Hier sind Sie

richtig, wenn Ihnen beeindruckende Natur und ein Dach über dem Kopf genügen. *(Siehe auch: Wohnen im Nationalpark, Seite 64)* Campo do Gerês ist ein idealer Ort für Natur- und Wanderfreunde, man trifft hier auf die Via Romana, eine alte Römerstraße, die in Richtung Nordosten bis nach Portela do Hómen an der spanischen Grenze führt und heute als Wanderweg ausgewiesen ist. Abseits davon hat man hier auf diversen Rundwanderwegen noch ausreichend andere Möglichkeiten, die Qualität seiner Wanderschuhe zu überprüfen.

Von Braga aus gibt es passable Busverbindungen nach Campo do Gerês, Querverbindungen z.B. nach Vila do Gerês aber nicht. *(Siehe auch: Unterwegs im Nationalpark, Seite 64)*

Soajo

Das Bergdorf Soajo im westlichen Teil des Nationalparks in der Serra do Soajo ist ein idealer Ausgangspunkt für Wanderungen in dieser Gegend. Man findet dort gekennzeichnete Rundwanderwege durch beeindruckende Landschaft, ein paar kleine Unterkünfte, Restaurants und Cafés.

Soajo ist auch bekannt für seine wie Schreine anmutenden Maisspeicher, (Espigueiros), die zu einem Symbol für den Nationalpark geworden sind. Zwar findet man diese gelegentlich überall in Nordportugal, aber hier gibt es sie in größerer Anzahl. Das Turismo befindet sich mitten im Ort bei der Kirche. Soajo erreicht man am besten vom ca. 20 km entfernten Arcos de Valdevez mit dem Bus oder Taxi. *(Arcos de Valdevez: Siehe auch: Seite 68)*

Wohnen im Nationalpark

Die meisten Unterkünfte im Nationalpark bestehen aus Campingplätzen, die gibt es in fast allen Teilen des Parks. Auch Ferienhäuser kann man in manchen Regionen mieten, so z.B. in der Gegend um Lindoso. *(siehe auch: Nach Lindoso, Seite 65)*

Bei Campo do Gerês gibt es ein Campingareal, in dem man auch kleine Bungalows mieten kann, eine Jugendherberge, eine Pension der höheren Kategorie und mehrere Privatunterkünfte.

Gleichfalls gibt es im Nationalpark Hotels und Pensionen sowie eine Pousada *(Pousada: siehe auch: Übernachten in Nordportugal, Seite 80.)*

In den meisten Orten sind solche Unterkünfte im Nationalpark allerdings rar.

Die meisten Hotels und Pensionen findet man im Kurort Gerês.

Auch in den Orten am Rande des Nationalparks findet man einige Unterkünfte, diese sind jedoch für Reisende, die mit öffentlichen Verkehrsmitteln unterwegs sind, meist nur schwer zu erreichen.

Hotel Águas do Gerês*
Av. Manuel Francisco da Costa 136
Gerês , Tel. +351 253 390 190
Hotel Universal *** Av. M. Francisco da Costa 115, Gerês, Tel. 253 390 220
Hotel Adelaide** Rua de Arnassó
Gerês, Tel. +351 253 390 020
Hostel Gerês, Rua de Arnaçó 21
Tel. +351 253 391 119
www.hostelgeres.com
Casa de Pichoses, Lugar de Paredes
Rio Caldo, Tel. +351 936 652 846
Beira Rio - Alojamento Gerês
Lugar de Alqueirão 650
Rio Caldo, Tel. +351 925 358 843
Jugendherberge: Campo do Gerês
Rua da Pousada 1, Tel. +351 969
238 866, www.pacificgreen.pt

i **Turismo Gerês:** in der Nähe der Bushaltestelle
Rio Caldo: beim Stausee, wenige Meter von der Bushaltestelle entfernt
www.cm-terrasdebouro.pt

Unterwegs im Nationalpark

Praktisch von jedem größeren Ort im Norden aus gibt es Busverbindungen zu Orten im Nationalpark.

Gute Ausgangspunkte für Ausflüge in den Park sind: Viana do Castelo *(siehe auch: Von und nach Viana do Castelo, Seite 72)*, Braga *(siehe auch: Von und nach Braga, Seite 48)*, Ponte de Lima, Arcos de Valdevez *(siehe auch: Ponte de Lima, Seite 67)*, ganz im Norden Valença *(siehe auch: Von und nach Valença, Seite 70)* und natürlich Ponte da Barca, das nur einen Katzensprung vom Park entfernt ist *(siehe auch: Von und nach Ponte da Barca, Seite 66)*.

In diesen Orten bekommt man bei den jeweiligen Turismobüros, je nach dem mehr oder weniger, ausführliche Informationen über den Park.

Leider sind die Busverbindungen zu den Orten im Park in der Regel sehr spärlich, manchmal gibt es nur eine Verbindung am Tag. Die beste Anbindung besteht noch von Braga aus in Richtung Vila do Gerês und Campo do Gerês. Wer also keinen fahrbaren Untersatz hat, muss zu Fuß gehen oder auf ein Taxi zurückgreifen. Zum Glück sind in Portugal Taxis noch bezahlbar, so dass man auch nach längeren Touren nicht gleich pleite ist. In der Regel stehen Taxis aber im Nationalpark nicht einfach so herum, man muss sie schon bestellen. Am besten macht man das von seiner Herberge oder dem nächsten Turismobüro aus *(siehe auch: Mit dem Taxi, Seite 84)*.

*Brücke von Ponte da Barca
Unten: Maisspeicher (Espigueiros) beim Castelo de Lindoso*

Ponte da Barca

Ponte da Barca, am Rio Lima gelegen, ist ein kleiner, beschaulicher Ort. Hier muss man keine Angst haben, irgendwelche Sehenswürdigkeiten zu verpassen. Der eindrucksvollen Brücke aus dem 16. Jahrhundert und der an ihrem südlichen Fuße errichteten historischen Markthalle begegnet man ohnehin.

Die touristische Infrastruktur ist noch sehr dünn, und wer seine Ruhe haben möchte, ist hier genau richtig. Aber der Ort ist durchaus reizvoll und man kann wunderbar am Fluss spazieren gehen, baden oder Boot fahren. Nicht umsonst kommen am Wochenende viele Tagestouristen hierher.

Ein ca. 20 km langer Rad- und Wanderweg führt von hier flussabwärts am Rio Lima entlang bis nach Ponte de Lima. *(Siehe auch: Ponte de Lima)*

Ponte da Barca ist auch ein guter Stützpunkt für Ausflüge in den nördlichen Teil des Nationalparks Peneda Gerês. Ein lohnendes Ausflugsziel im Nationalpark ist z.B. das Castelo de Lindoso.

Reisende, die nicht mit dem eigenen Auto unterwegs sind, können das Castelo mit dem Bus oder Taxi erreichen. *(Siehe auch: Von und nach Ponte da Barca und Lindoso, Seite 66)*

Nach Lindoso

Das kleine Dorf Lindoso liegt im Nationalpark Peneda Gerês *(siehe auch: Der Nationalpark ..., Seite 61)*. Hier treffen der Rio Lima und der Rio Castro Laboreiro zusammen und werden zu einem wunderschönen See, dem Encoro de Lindoso, gestaut *(siehe auch: Karte Seite 63)*

Das Castelo de Lindoso ist eine Burg aus dem frühen 13. Jahrhundert, dicht an der spanischen Grenze gelegen.

Von hier aus hat man einen herrlichen Blick auf den See, hinüber nach Spanien, auf Lindoso und über die Landschaft des Nationalparks.

Am Fuße des Castelos befinden sich die wie kleine Schreine anmutenden Maisspeicher, (Espigueiros) die schon zu einem Symbol des Nationalparks Peneda Gerês geworden sind.

Die Burg kann man auch besichtigen. Sie beherbergt ein kleines Museum über die Geschichte des Castelos.

Wer mobil oder gut zu Fuß ist, kann von hier aus die nähere Umgebung er-

Castelo de Lindoso

kunden und mit Glück sogar auf eine Herde wilder Pferde stoßen.

(Siehe auch: Der Nationalpark, Seite 61)

Wohnen in Ponte da Barca

Ponte da Barca ist sehr auf den Tagestourismus ausgelegt. Das dokumentiert das Missverhältnis zwischen der Anzahl von Restaurants und Unterkünften. Über 30 Restaurants stehen nur eine Hand voll Hotels und Pensionen sowie ein Hostel gegenüber.

Ca. 10 km flussaufwärts, beim Örtchen Entre Ambos os Rios, befindet sich am südlichen Ufer des Rio Lima ein Campingplatz. In der näheren Umgebung gibt es weitere, schön gelegene Unterkünfte der gehobenen Klasse.

Auf der offiziellen Webseite von Ponte da Barca, www.cmpb.pt/alojamentos.php, findet man weitere Unterkünfte in und um Ponte da Barca

Tempus Hotel & Spa ★★★★
Lugar de Quintao, Oleiros, ca. 3km vom Zentrum +351 258 009 250

Hotel os Poetas, R. Dr. Alberto Cruz 9
Tel. +351 258 488 152

Casa Nobre do Correio-Mor*, R. Trás do Forno 1, Tel. +351 258 488 152

Residêncial São Fernando, R. Heróis da India, Tel. +351 258 452 580

Magalhães Hostel
R. Dr. Joaquim Moreira de Barros 14
Tel. +351965 492 032

i **Loja Interativa de Turismo**
Rua Conselheiro Rocha Peixoto 9
Tel. +351 258 455 246

Von und nach Ponte da Barca und Lindoso

BUS: Die Busverbindungen nach Ponte da Barca sind leider spärlich. Es gibt nur noch ein zwei Busverbindungen am Tag nach Porto über Braga oder nach Viseu mit der Busgesellschaft Rede Expressos. **WebTipp:** www.rede-expressos.pt. Nach Viana do Castelo über Ponte de Lima mit der Busgesellschaft Auto Viação Cura. **WebTipp:** www.avcura.com | www.avminho.pt. Auf den Webseiten kann man Fahrpläne einsehen und Tickets reservieren.

Nach Lindoso gibt es ebenfalls eine Verbindung. Es fahren aber auch nur ein bis zwei Busse am Tag, je nach Saison, dorthin. Von Lindoso aus gilt natürlich das Gleiche. Von Bonte da Barca nach Lindoso sind es jedoch nur ca. 26 km sodass man die Strecke auch mit einem Taxi bewältigen kann. (Siehe auch: Mit dem Taxi: Seite 84)

*Der Rio Lima bei Ponte de Lima
Unten: die Brücke von Ponte de Lima „Ponte Romana",*

Ponte de Lima

Genau wie Ponte da Barca ist Ponte de Lima ein Ort des Tagestourismus *(siehe auch: Seite 65).* Am Wochenende kommen viele Portugiesen, um hier einen Tag zu verbringen. Vor allem an Sonntagen im Sommer wird der Ort geradezu von Menschenmassen überschwemmt. Den hier breiten Strand des Rio Lima muss man sich dann mit parkenden Autos teilen.

Am besten besucht man Ponte de Lima unter der Woche, wenn alle Geschäfte geöffnet haben und nicht hunderte von Wochenendausflüglern die Restaurants und Cafés belagern.

Der Ort selbst, dem die Brücke aus dem 15. Jahrhundert, die hier über den Fluss führt, seinen Namen gab, ist klein, beschaulich und hat wesentlich mehr zu bieten als einen zugeparkten Strand.

Paläste und Häuser aus dem 15. und 16. Jahrhundert, nette Geschäfte, viele Cafés, Bars und Restaurants und nicht zuletzt die schöne Umgebung machen Ponte de Lima zu einem lohnenden Ausflugsziel. Für Natur- und Wanderfreunde gibt es auf beiden Seiten des Flusses einige interessante, teilweise sogar gut ausgeschilderte **Rad- und Wanderwege**, auf denen man die nähere Umgebung erkunden kann.

Direkt am Fluss führt ein ca. 20 km langer Weg nach Ponte da Barca. Auch trifft man hier auf den portugiesischen Jakobsweg *(Caminho de Santiago).* Ein ca. 6 km langer Wanderweg führt in das Naturschutzgebiet Lagoas de Bertiandos e São Pedro d'Arcos, dort findet man weitere Rundwanderwege. Auf Wanderpfaden und Holzstegen geht es durch Feuchtgebiete im schattigen Wald. Informationen bekommt man im Turismobüro *(siehe Seite 68).*

Sehenswert in Ponte de Lima ist die Kirche „Igreja Matriz" aus dem 15. Jh. Sie ist von schlichter Schönheit und vereint unterschiedliche Baustile aus Gotik und Renaissance mit einigen im 19. und 20. Jh. angefertigten Elementen, wie den Seitenaltären und Fenstern. Sie liegt mitten in der Altstadt in der Rua Ardeal Saraiva und ist nicht zu verfehlen.

Der „Torre da Porto Nova", ein Turm, der schon im 14. Jh. als Teil der alten Stadtmauer existierte und im 16. Jh. zum Gefängnis umgebaut wurde, beherbergt heute eine Galerie, die temporäre Ausstellungen zeigt.

In Ponte de Lima

Am Fluss wird hier seit 1125 jeden zweiten Montag einer der größten Märkte des Landes aufgebaut. Tiere, Obst, Gemüse, diverse andere Lebensmittel und Dinge des alltäglichen Bedarfs werden in rauhen Mengen angeboten. An diesen Tagen ist der Ort dann noch voller als am Sonntag.

Die Brücke über den Rio Lima, „Ponte Romana", die man unbedingt einmal überqueren sollte, stammt aus dem 15. Jh. Sie steht auf den Fundamenten jener Brücke, die einst die Römer hier über den Fluss bauten. Am anderen Ufer befinden

sich eine Kapelle und ein kleiner botanischer Garten.

Ponte de Lima eignet sich auch als Stützpunkt für Ausflüge in den Nationalpark Peneda Gerês *(siehe auch: Soajo Seite 63)*. In das ca. 20 km entfernte, am Nationalpark gelegene **Arcos de Valdevez** gibt es passable Busverbindungen. Dort gibt es Hotels und Pensionen *(siehe unten)* sowie einen nahe gelegenen Campingplatz beim Örtchen Mezio.

i Loja Interativa de Turismo, Torre da Cadeia Velha, Passeio 25 de Abril Tel. +351 258 240 208

Wohnen in Ponte de Lima

Ponte de Lima ist sehr auf den Tagestourismus ausgelegt. Im Ort selbst gibt es nur zwei Hotels und ein paar Pension, in der näheren Umgebung findet man allerdings noch viele ander Unterkünfte aller Kategorien.

Flussaufwärts in der Rua Agostinho José Taveira, ca. 3 km vom historischen Zentrum entfernt, befindet sich eine Jugendherberge.

Jugenherberge, Rua Papa João Paulo II 815, Tel. +351 258 751 321

Hotel Império do Norte*** Rua 5 de Outubro 97, Tel. +351 258 009 008
Inlima Hotel & Spa****
Rua Agostinho José Taveira lote 6
Tel. +351 258 900 050
Arc'otel, Largo da Alegria 9
Tel. +351 966 506 744

Übernachten in Arcos de Valdevez:
Hotel Ribeira***, R. dos Milagres
Tel. +351 258 009 410
Pensão D. António, R. Padre Luiz Gonzaga Azevedo, Tel.+351 258 521 010

Von und nach Ponte de Lima mit dem Bus

In Richtung Porto, Braga, Viana do Castelo, Valença, Ponte da Barca, nach Arcos de Valdevez und zu internationalen Zielen. Die Busse fahren von der Av. Antonio Feijó, ca.300 m vom historischen Zentrum entfern oder vom Busbahnhof in der Av. da Central de Camionagem, ca. 1 km vom Zentrum. **WebTip: national** www.rede-expressos.pt | www.avminho.pt | **international** www.busbusgo.com

Die Altstadt von Valença Unten: San Teotónio

Valença do Minho

Valença do Minho ist sicher eines der Highlights auf jeder Nordportugalreise. Nahe der spanischen Grenze, auf einem Hügel über dem Rio Minho gelegen, hinter einer gewaltigen Festungsmauer, die den Ort noch immer komplett umschließt, verbirgt sich das historische Valença.

Betritt man die Festung durch eines der drei Stadttore, so kommt man in ein wahres Einkaufsparadies mit edlen und modernen Geschäften in Häusern aus dem 16., 17. und 18. Jahrhundert.

Kleine Plätze und Kirchen runden das Bild ab, ebenso das grandiose Landschaftspanorama, das sich einem bietet. Man hat einen herrlichen Blick über den Minho und die Landschaften des Nachbarlandes, des alten Galizien. Auch die Häuser der spanischen Stadt Tui, die ebenfalls auf einem Hügel am anderen Ufer des Minho liegt, sind hier wunderbar zu sehen.

Valença lockt viele Spanier an, die hierher zum Einkaufen kommen, und besonders am Wochenende ist die gesamte Altstadt wie ein großer Marktplatz.

Wer seine Urlaubskasse plündern möchte, ist hier also genau richtig. Viele Dinge, die das Leben verschönern, locken den kaufwilligen Reisenden.

Abends ist der Ort dann wieder wie ausgestorben und man kann in Ruhe durch das „mittelalterliche" Valença schlendern, das zu allen Tageszeiten seinen speziellen Reiz hat. Denn Valença hat weit mehr zu bieten als Konsumgüter in allen Variationen.

Nicht nur Souvenirjäger, sondern auch historisch interessierte Menschen kommen hier auf ihre Kosten. Da ist z. B. die romanische Pfarrkirche S. Maria dos Anjos aus dem 12. Jahrhundert oder der militärische Meilenstein aus der Zeit von Tiberius Claudius (10 v. Chr - 48 n. Chr) bei der Kirche Santo Estevão. Diese war von

1381-1474 Sitz des Bistums von Valença und beherbergt einen aus Eichenholz geschnitzten Bischofsstuhl aus dem 15. Jh.

Vom Bahnhof kommend geht es gegradeaus durch eine Platanenallee, dann nach rechts dem Hinweisschild „Fortaleza" folgend, erreicht man die Altstadt zu Fuß in ca. 15 Min.

Auch ein kleiner Ausflug in die spanische Stadt **Tui**, die nur einen Steinwurf von Valença entfernt liegt, lohnt sich durchaus. Von dort schaut man auf Valença und kann noch einmal die grandiose Lage der „Handelsmetropole" Valença bestaunen.

Auch die Städte **Monção und Melgaço**, in der Vinho Verde-Region nahe dem Nationalpark Peneda-Gerês gelegen, sind von hier aus gut zu erreichen. **Ein Rad- und**

In der Altstadt von Valença do Minho

Wanderweg am Rio Minho entlang führt flussaufwärts nach Monção und flussabwärts bis nach Vila Nova de Cerveira. *(siehe auch: Monção und Melgaço, Seite 59).*

i **Turismo:** Praça Forte de Valença Tel. 251/823329

WebTipp: www.visitvalenca.com

Wohnen in Valença

Was für Ponte de Lima und Ponte da Barca gilt, gilt auch für Valença: Man hat sich mehr auf Tagesgäste eingerichtet. So gibt es auch hier verhältnismäßig wenige Unterkünfte, wenn es auch nicht ganz so düster aussieht wie in Ponte de Lima und Ponte da Barca.

Für Reisende mit gehobenen Ansprüchen ist die **Pousada São Teotónio** mitten in der Altstadt sicher keine schlechte Wahl: Baluarte do Socorro, Tel. 251/800260 *(siehe auch: Pousadas, Übernachten in Portugal, Seite 80).*

Weitere Häuser sind:

Alojamento da Vila, Rua Dr. José Maria Rodrigues Fortaleza Tel.+351 969 891 922
Hotel Lara***, Avenida dos Bombeiros Voluntários, Tel. +351 251 824 348
Hostel Bulwark, Travessa do Cantinho 7-11 Fortaleza, +351 963 022 100
Residencial Portas do Sol, R. Conselheiro Lopes da Silva 51 Tel. +351 964 607 915
Apartamentos Lumar, Rua da Trindade 33/35, Tel.+351 917 523 411

Von und nach Valença

BAHN. Valença liegt genau auf der Hauptstrecke von Portugal nach Spanien. Daher ist es mit dem Zug sehr gut zu erreichen. In Richtung Porto geht es über Viana do Castelo *(siehe auch: Von und nach Viana do Castelo, Seite 72)* und nach Spanien über die spanische Hafenstadt Vigo.

BUS. Valença hat einen zentralen Busbahnhof. Von hier aus fahren Busse in alle größeren Orte im Norden und nach Spanien in Richtung Tui und Vigo.

Wer hier Quartier bezogen hat, für den bietet sich ein Abstecher nach Monção oder Melgaço an. Es gibt gute Busverbindungen zu beiden Orten und man kann problemlos einen Tagesausflug daraus machen *(siehe oben).*

Praça da República in Viana do Castelo Unten: Die Basilica auf dem Monte de Santa Luzia

Viana do Castelo und Caminha

Im 16. Jh. war Viana do Castelo einer der wichtigsten Häfen Portugals und *der* Hafen im Norden. Durch Fischfang und Handel kam die heute ca. 21.000 Einwohner zählende Stadt an der Mündung des Rio Lima zu Reichtum, was man ihr heute noch ansieht.

Für Nordportugal-Reisende ist ein Besuch Viana do Castelos eigentlich Pflicht. Im Süden und Norden ziehen sich endlose Sandstrände die Atlantikküste entlang, und vom „Hausberg" Monte de Santa Luzia hat man einen atemberaubenden Blick über die Landschaft. Er gilt – und das ist sicherlich keine Übertreibung – als eine der schönsten Fernsichten der Welt.

In der bezaubernden historischen Altstadt gibt es Architektur aus praktisch allen Kulturepochen zu bestaunen. Dem neugierigen Besucher begegnen Paläste, Kirchen, Bürgerhäuser, Brunnen, freie Plätze und enge Gassen mit vielen schönen Geschäften, in denen es von Eisenwaren bis zu vornehmen Möbeln alles gibt. Selbst das neue Einkaufszentrum, direkt neben dem alten Bahnhof errichtet, ist durchaus gelungen. In diesem Konsumtempel findet man das Übliche solcher Einrichtungen: Kino, Restaurants, Bowlingbahn und eben jede Menge Geschäfte. Von der Terrasse des Restaurants hat man allerdings einen schönen Blick über die Stadt.

Stilvoller kann man dagegen seinen Kaffee auf der Praça da República einnehmen. Sie ist umrahmt von eleganten Altbauten, einer schöner als der andere, und in der Mitte gekrönt von einem Brunnen aus dem 16. Jahrhundert.

Wer zum Baden ans Meer möchte, kann die Fähre zum Praia do Cabedelo am gegenüberliegenden Flussufer nehmen *(Mai bis September)* oder mit dem Bus, der allerdings am Wochenende nicht verkehrt, zum nahe gelegenen Felsstrand Praia Norte fahren.

Ganz oben auf der Liste der Sehenswürdigkeiten von Viana do Castelo steht der **Monte de Santa Luzia** mit der gleichnamigen Basilica und der Pousada do Monte de Santa Luzia.

Man kann den Berg erwandern oder die Standseilbahn nehmen.

Die Basilica, inspiriert vom Bau der Sacré Coeur auf dem Montmartre in Paris, ist zwischen 1926 und 1956 entstanden. Der Stil ist etwas undefinierbar, worüber der eine oder andere Kunsthistoriker die Nase rümpfen mag. Den meisten Besuchern ist das aber wahrscheinlich egal.

Über mangelnden Besuch könnten sich die Bauherren jedenfalls nicht beklagen.

Etwas oberhalb der Basilica liegt die Pousada do Monte de Santa Luzia. Hier kann man fürstlich wohnen oder nur auf einen Café oder Tee vorbeikommen.

Wohnen in Viana do Castelo

In und um Viana do Castelo gibt es eine Vielzahl unterschiedlichster Unterkünfte. Die absolut edelste Adresse weit und breit ist die Pousada auf dem Monte de Santa Luzia, **Pousada do Monte de Santa Luzia**, Monte de Santa Luzia, Tel. +351 258 800 370 - Fax +351 258 828 892 *(siehe auch: Pousadas, übernachten in Portugal, Seite 80)*.

Aber auch für bescheidenere Gäste ist ausreichend gesorgt. Es gibt viele Hotels und Pensionen, eine Jugendherberge und zwei in der Nähe gelegene Campingplätze. Hier eine Auswahl:

Hotels und Pensionen:
Hotel Axis Viana****,
Avenida Capitão Gaspar de Castro, Tel. +351 258 802 000
Hotel Flôr de Sal**** Av. de Cabo Verde, Tel. +351 258 800 100

Hotel do Parque***, Praça da Caliza, Tel. +351 258 828 605
Hotel Laranjeira, R. Cândido dos Reis 45, Tel. +351 258 822 261
Jugendherberge: Rua de Limia Tel. +351 258 838 458 / 925 665 071
vianacastelo@movijovem.pt
Campingplätze:
Am gegenüberliegenden Flussufer
Parque de Campismo Orbitur
Rua Diogo Álvares, Tel. +351 258 322 167, www.orbitur.pt

i Das **Turismo** in Viana do Castelo befindet sich am Praça da Liberdade am Ende der Av. dos Combatentes da Grande Guerra. Vom Bahnhof geht es immer geradeaus Richtung Fluss. Dort kann man gegen einen Obolus sein Gepäck abstellen und auch Fahrräder mieten.
WebTipp: www.vivexperiencia.pt

Von und nach Viana do Castelo

BAHN: Züge fahren ca. alle zwei Stunden in Richtung Porto und Valença. Die Fahrt nach Porto dauert ca. 2 ½ Stunden, nach Valença ca. 1 ½ Std.
BUS: Mehrere Busgesellschaften fahren in Richtung Porto über Esposende und Póvoa de Varzim. Auch gibt es gute Verbindungen nach Ponte de Lima in den Nationalpark, in Richtung Valença und nach Barcelos bzw. Braga.
Der zentrale Busbahnhof befindet sich im Einkaufszentrum direkt neben dem Bahnhof.

Der Strand „Praia de Moledo" bei Caminha
Linke Seite: In der Altstadt von Viana do Castelo

Links von der Basilica beginnt ein markierter **10 km langer Rundwanderweg** mit einigen steilen Auf- und Abstiegen. Einen Plan davon findet man auf einer Schautafel gegenüber der Basilica. Vor der Kirche wendet man sich nach links, nach ca. 50 Metern führt der Weg links in den Wald hinein.

Wer sich in Viana do Castelo niedergelassen hat, für den bietet sich ein Ausflug in die Badeorte Vila Praia de Âncora, Moledo oder nach Caminha an. Wegen der guten Zugverbindung dorthin auch besonders geeignet für Reisende, die mit öffentlichen Verkehrsmitteln unterwegs sind.

Caminha

Caminha ist reizvoll gelegen, zwischen den Flussmündungen des Rio Coura in den Rio Minho und dessen Mündung in den Atlantik. Der Rio Minho trennt Spanien von Portugal und ist hier fast 2 km breit.

Das Zentrum von Caminha bildet die Praça Conselheiro Silva Torres. Es erinnert ein bisschen an die Praça da República in Viana do Castelo, nur ist hier alles eine Nummer kleiner, was dem Ganzen aber keinen Abbruch tut.

Spanien
Rio Minho
Gondarem
Lanhelas
Seixas
Rio Coura
Paredes de Coura
Auteiro
Praia de Moledo
Caminha
Moledo
Vila Praia de Âncora
Praia de Âncora
Rio Âncora
Ponte de Lima
Montedor
Viana do Castelo

Interessant ist die im 15. Jh. erbaute Kirche „Igreja Matriz". Von einer Art Festungsmauer umgeben, liegt sie hoch über den beiden Flüssen Coura und Minho.

Sogar auf Bars und Discotheken muss man hier nicht verzichten, die meisten davon befinden sich in der Rua Ricardo Joaquim de Sousa. Für Partygänger ist der Ort dennoch nicht wirklich geeignet.

Allzu viele Sehenswürdigkeiten hat das Städtchen nicht zu bieten, Caminha eignet sich vor allem als Stützpunkt, um die Umgebung zu erkunden.

Der nahe gelegene Strand **„Praia de Moledo"** beim Örtchen Moledo etwa, mit Blick auf die alte Wehrburg Forte da Ínsua in der Mitte der Flussmündung, ist lang und breit und zählt sicherlich zu den schönsten in dieser Gegend. Auch der Strand von **Vila Praia de Âncora,** ist nicht zu verachten.

Das Wasser des Atlantiks ist in diesen Breiten zwar die meiste Zeit des Jahres ziemlich kalt aber dafür gibt es eine schöne Brandung. Außer in der Hauptsaison

Brunnen im Centrum von Caminha auf der Praça Conselheiro Silva Torres

ist hier nicht viel los und einsamen Strandspaziergängen steht nichts im Weg.

Auch die Flüsse Rio Minho oder Rio Coura hinauf gibt es viel zu entdecken. Für Wanderungen und Radtouren ist diese Gegend bestens geeignet.

Beim ca. 15 km flussaufwärts gelegenen, ebenfalls reizvollen **Vila Nova de Cerveira** gibt es eine Fährverbindung über den Rio Minho nach Spanien.

Auch Tagesausflüge mit der Bahn, nach **Viana do Castelo** oder **Valença** sind von hier aus möglich.

Wohnen in Caminha

In Caminha selbst hält sich die Zahl der Unterkünfte in Grenzen aber in der näheren Umgebung sind viele Unterkünfte für jedes Budget vorhanden. Zwischen Caminha und Moledo gibt es einen Campingplatz, ebenso ein paar Kilometer den Rio Coura hinauf beim Örtchen Vilar de Mouros.

Hotels und Pensionen in Caminha:
Hotel Porta do Sol**** Av. Dr. Dantas Carneiro, Lote 1, Tel. +351 258 710 360
Residencial São Pedro, Parede Alta 14, Tel. +351 258 727 486
Residencial Galo D' Ouro, Rua da Corredoura 15, Tel. +351 258 921 160

Residencial Arca Nova, Largo Sidónio Pais, +351 935 390 402
Aldeamento Turístico do Camarido *** Lugar da Joaninha - Cristelo, *(ca. 4 km von Zentrum)*, Tel. +315 258 722 130

i **Loja Interativa de Turismo:** R. São João 18, Tel.+351 258 921 952

Von und nach Caminha

Züge fahren in Richtung Porto über Viana do Castelho und in Richtung Valença do Minho *(siehe auch: Von und nach Valença, Seite 70)*. Die Badeorte **Moledo** und **Vila Praia de Âncora** liegen auf der Strecke nach Viana do Castelo

Das Rathaus von Vila Real Unten: Capela Nova in der Altstadt von Vila Real

Vila Real

Im zentralen Bergland des Nordens, hoch über dem Rio Corgo, liegt die ca. 20.000 Einwohner zählende Provinzhauptstadt Vila Real. Das Herz der Stadt ist von Industrie und Bausünden aller Art, von Hätte-nicht-sein-müssen bis Einfach-nur-grausam, umzingelt. Davon sollte man sich aber nicht abschrecken lassen.

Hat man diese Randerscheinungen des Fortschritts erst einmal überwunden, dann betritt man das ursprüngliche Vila Real und fragt sich, warum Architekten und Städteplaner heute nicht das können, was sie bereits vor ein paar hundert Jahren konnten, nämlich eine schöne Stadt bauen.

Die barocke Kirche Capela Nova ist eins der architektonischen Highlights und bildet das Zentrum des historischen Kerns. Am Kopf der Rua Central gelegen, ist sie originell in die Häuserreihen eingebettet, die die Rua 31 de Janeiro und die Rua Dr. R. da Silveira trennen.

Für Architektur- und Museumfans gibt es noch ca. 20 weitere Attraktionen und für Leute, die relaxen möchten, jede Menge nette Cafés und Restaurants in den Straßen und auf den Plätzen der Altstadt.

Lohnenswert ist auch ein Spaziergang zum alten Friedhof hinter dem barocken Rathaus. Von dort aus hat man einen herrlichen Blick über das Tal des Rio Corgo und kann auf einem Steg ins Flusstal hinunterspazieren. Die kleine Kirche in den Friedhofsmauern, „Igreja de S. Dinis", aus dem 15. Jh. ist die älteste der Stadt.

Die wichtigste Sehenswürdigkeit in der Gegend und eigentlich auch der Grund, warum sich überhaupt ein Tourist nach Vila Real verläuft, ist das ca. 5 km entfernt gelegene Weingut Mateus.

Das Weingut Mateus und die Casa de Mateus
Das Label des meist verkauften Weins Portugals,

„Mateus Rosé", schmückt sich mit einer Abbildung der Casa de Mateus. Allerdings stammt der Wein, den die Flaschen enthalten und den hier niemand trinkt, nicht aus dieser Gegend er kommt aus der Weinregion Bairrada in der Province Beira Litoral.

Bevor man die Casa de Mateus mit ihrem Park besichtigen kann, muss man am Pförtnerhäuschen einen Obolus abdrücken, den man aber gerne bezahlen sollte, denn die Besichtigung lohnt sich. Wer möchte, kann den ganzen Tag im Gelände verweilen.

Der barocke Palast wurde in der 1. Hälfte des 18. Jh. von einem Adligen, dem dritten Morgado von Mateus, errichtet. Die Architektur wird dem italienischen Architekt Niccoló Nasoni zugeschrieben. 1970 wurde die Fundação Casa de Mateus gegründet, die sich u.a. um den Erhalt und die Pflege der Anlage kümmert, aber auch Konzerte, Ausstellungen, Lesungen, Seminare etc. im Haus veranstaltet. Seit 1980 wird von der Stiftung auch ein Literaturpreis für portugiesische Schriftsteller ausgelobt.

Besichtigen kann man einen Teil des Hauses mit Bibliothek und Museum, die Kapelle und die Parkanlage. Alles in allem dürfte das Anwesen eines der schönsten Portugals sein. *(ca. 5 km von Vila Real)*

Unter der Woche fahren alle halbe Stunde Busse von der Av. Carvalho Araújo in Vila Real zur Casa de Mateus.

i **Loja Interativa de Turismo,** Avenida Carvalho Araújo 94, mitten im Zentrum, Tel. +351 259 308 170

Wohnen in Vila Real

In der Altstadt und ihrer näheren Umgebung gibt es mehrere Hotels und Pensionen unterschiedlicher Kategorien. Etwas außerhalb des Stadtzentrums eine Jugendherberge und einen Campingplatz.

Das größte Haus ist das Hotel **Mira Corgo**, ein Neubau mit 3 Sternen unweit der historischen Altstadt. Av. 1° de Maio, Tel. +351 259 325 001
Hotel Miraneve, Rua D. Pedro de Castro, Tel. +351 259 323 153
Residencial Pastelaria Real, Rua Combatentes Da Grande Guerra 5, Tel. +351 259 325 879
Pensão Areias, R. Miguel Bombarda 58, +351 259 322 913

Von und nach Vila Real

BAHN. Leider gibt es nach Vila Real keine Bahnverbindung mehr. Von Porto aus kann man mit dem Zug nach Régua fahren, ca. 1 Std. 45 Min. und von dort mit dem Bus weiter, die Busse starten dort am Bahnhof. *(Siehe auch: Von und nach Lamego Seite 58)* Schneller geht es allerdings direkt mit dem Bus über Amarante. *(Siehe auch: Von Porto nach ..., Seite 34)*
BUS. In Vila Real gibt es zwei Busterminals unweit der Altstadt, von denen aus man praktisch jeden Ort im Norden erreichen kann. Vorsicht ist allerdings am Wochenende geboten, da sind die Verbindungen sehr spärlich.
Webseiten mit Fahrplänen nach Vila Real:
www.santosviagensturismo.pt | www.rodonorte.pt | www.rede-expressos.pt

Blick auf die Kathetrale und die Igreja da Misericórdia von Viseu Unten: Das Denkmal des Viriato in Viseu

Linke Seite: Casa de Mateus bei Vila Real

Viseu

Viseu liegt auf 500 m Höhe in der Region Beira Alta, auf halber Strecke zwischen Aveiro und Guarda, und ist, wie meine Portugiesischlehrerin in Porto sagte, „uma cidade simpática" – eine sympathische Stadt.

Die heutige Universitätsstadt mit ihren ca. 25.000 Einwohnern ist aber weitaus mehr als das. Sie hat Charme, Eleganz und ist weit und breit der bedeutendste Ort in dieser Gegend.

Die Römer, die die iberische Halbinsel besetzten, mussten sich hier lange Zeit mit dem Volkshelden der Region, dem Lusitaner Viriato, herumschlagen. Er heizte ihnen mit seinen Freiheitskämpfern lange Zeit tüchtig ein, bis er im Jahre 139 v. Chr das Schicksal einiger römischer Kaiser teilte und einem Meuchelmord zum Opfer fiel.

Trotz seiner Bedeutung ist Viseu nicht gerade ein Ort, der Touristenmassen anzieht, jedoch wegen seines berühmtesten Sohnes Vasco Fernandes, genannt Grão Vasco, bei Studienreisenden sehr beliebt. Grão Vasco (1475-1542), seines Zeichens Kunstmaler, und zwar einer der größten Portugals, gründete hier die „Schule von Viseu". Ihm ist ein eigenes Museum gewidmet, das **Museu Grão Vasco**, neben der Kathedrale gelegen. Neben vielen Exponaten des Namensgebers beherbergt es eine Sammlung internationaler, überwiegend sakraler Kunst von Zeitgenossen und Schülern des Meisters. *(ganzjährig Dienstag bis Sonntag geöffnet).*

Kommt man nach Viseu, geht man am besten erst einmal zum Rossio, um die Lage zu peilen. Der Rossio ist das Centrum der Stadt, ein begrünter Platz in der Mitte eines Kreisverkehrs mit Wasserfontäne, Café und Taxistand. Von hier aus führen die Straßen hinauf in die Altstadt. Ein paar Hotels und Restaurants sind ebenfalls in der Nähe.

Möchte man den Charme Viseus ergründen, lässt man sich am besten durch die Straßen der Altstadt treiben.

Am höchsten Punkt erreicht man den Vorplatz der Kathedrale, das absolute Highlight der Stadt. Von hier oben hat man nicht nur einen herrlichen Blick, man sieht sich auch von beeindruckender Architektur umrahmt, deren Ausrufezeichen die **Sé** (Kathedrale) ist. Das Aussehen der Kathedrale, deren Baugeschichte bis ins 13. Jh. zurückreicht, wurde über die Jahrhunderte hinweg immer wieder verändert, sodass man heute innen und außen ein Stilgemisch vorfindet, was aber allemal beeindruckt.

Kathedrale von Viseu

An der Nordseite der Sé befindet sich das Museu Grão Vasco (s.o.) und gegenüber die Kirche **„Igreja da Misericórdia"**, deren weiße, liebliche Fassade aus dem 18. Jh. im krassen Gegensatz zur wuchtigen grauen der Sé steht.

Viseu eignet sich auch hervorragend als Stützpunkt, um die Gebirgsregion der Beira Alta zu erkunden. Die Dão Lafões, wie die Tourismusregion hier heißt, hat viel an landschaftlichen Reize zu bieten. Etwa das ca. 30 km nordwestlich, tief in einem grünen Tal, am Rio Vouga gelegene Örtchen São Pedro do Sul das auch für seine Thermalbäder bekannt ist, oder Vouzela am kleinen Rio Zela gelegen, sind lohnende Ausflugsziele.

i Turismo: Adro Sé, neben der Kathedrale gelegen
Tel. +351 232 420 950
WebTipp: www.visitviseu.pt

Wohnen in Viseu

In Viseu gibt es mehrere Hotels und Pensionen, eine Jugendherberge und einen Campingplatz. Im Umkreis von 8 km befinden sich einige schön gelegene Solares *(siehe auch: Solares, Übernachten in Portugal, Seite81).*

Direkt am Rossio liegt das **Hotel Avenida****, Rua Miguel Bombarda 1, Tel. +351 232 423 432. Ebenfalls in der Nähe, die **Pousada de Viseu**, R. do Hospital, Telefon: +351 21 040 7610

Hotel Moinho de Vento***, R. Paulo Emílio 13 Tel. +351 232 424 116, und das **Hotel Grão Vasco******, R. Gaspar Barreiros Tel. +351 232 423 511
Montebelo Viseu Congress Hotel***** Urbanização, Q.ta do Bosque, Tel. +351 232 420 000, (Moderner *Luxus 1 km vom Centrum* enternt)
Pensão Rossio Parque, Rua do Soar de Cima 55, Tel. +351 232 422 085
HI Viseu *(Jugendherberge)*, R. Consul Aristides de Sousa Mendes, Tel. +351 232 413 001, www.hihostels.com

Von und nach Viseu

Der zentrale Busbahnhof liegt an der Av. Dr. António José de Almeida. Von hier aus gibt es viele Verbindungen, z.B. in Richtung Aveiro, Braga, Guarda, Coimbra, Porto und nach Lissabon. Auch kleine Orte in der Umgebung kann man von hier aus mit dem Bus erreichen. Vom Busbahnhof ist man in ca. 15 Minuten zu Fuß die Av. Dr. António José de Almeida hinauf beim Rossio.

Caldas de Vizela
Felgueiras
Mondim de Basto
S. Tirso
Paços de Ferreira
VILA REAL
Amarante
Salvador do Monte
Penafiel
Marco de Canavese
Rio Tâmega
Rio Tâmega
S. d. Alvão
Rio Corgo
Peso da Régua
Melres
Rio Douro
Lamego
Rio Douro
Castelo de Paiva
Rebordelo
Rio Paiva
Tarouca
S. d. Montemuro
Pinheiro
Castro Daire
Vale de Cambra
Serra da Gralheira
Vila Nova de Paiva
Rio Paiva
Rio Sul
Sever do Vouga
São Pedro do Sul
Rio Vouga
Vouzela
Bodiosa
Sátão
Rio Vouga
Talhadas
Cambra
Rio Altusqueiro
VISEU
Rio Dão
Penalva do Caste
Figueiro
Alcofra
Serra do Caramulo
Rio Águeda
Caramulo
Chaves
Coimbra
Guarda

Allgemeine Reiseinformationen

- ▶ Sprache
- ▶ Übernachten in Portugal
- ▶ Baden
- ▶ Geld
- ▶ Gesundheit
- ▶ Im Café
- ▶ Im Restaurant
- ▶ Reisen mit Kindern
- ▶ Reisen mit Handicap
- ▶ Frauen alleine unterwegs
- ▶ Mit dem Taxi
- ▶ Wandern
- ▶ Portugal im Internet
- ▶ Sicherheit
- ▶ Ländervertretungen
- ▶ Zum Schluss

Im Palace Hotel Vidago

Sprache

Landessprache ist natürlich Portugiesisch, ca. 200 Millionen Menschen auf der Welt sprechen es, die meisten davon in Brasilien.

Mit Englischkenntnissen kann man im Allgemeinen die wichtigsten touristischen Angelegenheiten regeln. In Hotels, am Flughafen, auf größeren Bahnhöfen, in vielen Restaurants und natürlich in den Touristeninformationsbüros findet man meistens Englisch sprechende Ansprechpartner. Noch besser kommt man mit Französischkenntnissen weiter und mit Spanisch fast so gut wie mit Portugiesisch, da die beiden Sprachen sehr ähnlich sind und die meisten Portugiesen Spanisch zumindest verstehen.

Übernachten in Portugal

Hotels

Portugal wird immer schicker, moderner und mobiler, so findet man heutzutage selbst in Gegenden, wohin sich noch vor ein paar Jahren kaum ein Mensch verirrt hat und man allenfalls eine einsam gelegene Pousada vorfand, *(Pousadas. siehe unten)* neue Luxushotels und Ferienanlagen für Reisende mit gehobenen Ansprüchen und dem nötigen Spielraum in der Reisekasse.

Neben diesen „neuen" Angeboten findet man Hotels aller Kategorien, vom Zwei- bis Fünf-Sterne-Hotel. Die Preise für Doppelzimmer bewegen sich zwischen ca. 40 und 250 EUR. Einzelzimmer sind nur wenig günstiger maximal, 30%. In Porto sind die Unterkünfte im Schnitt etwas teurer als in kleineren Orten.

Leider muss man feststellen, dass das Preis-Leistungsverhältnis nicht immer zum Jubeln ist. Um keine bösen Überraschungen zu erleben, lässt man sich das Zimmer, bevor man es bucht, am besten zeigen.

Pensionen (Pensão, Residensial)

Die Begriffe Pensão und Residensial verschwinden langsam und werden in Hotel umgewandelt. Allerdings sind diese Bezeichnungen immer noch häufig vorhanden. Pensionen haben einen bis vier Sterne. Hier kann man vor allem in der Nebensaison günstig übernachten.

Zimmer gibt es schon ab ca. 20 bis max. 100 EUR. Die Qualität ist auch hier sehr unterschiedlich, und im Hinblick auf Preis-Leistung gilt das Gleiche wie für Hotels.

Während in Hotels an der Rezeption meistens jemand eine Fremdsprache spricht *(s.o.)*, ist das in Pensionen eher die Ausnahme. Am meisten Glück kann man noch mit Französisch oder Spanisch haben.

Hospedarias

Hospedarias sind neben privaten Unterkünften die einfachsten und günstigsten Herbergen. Der Standard ist eher bescheiden, doch wer keine großen Ansprüche stellt, kann auch dort ein sauberes Bett für die Nacht finden.

Airbnb

Die private Zimmervermietung über dieses Portal ist mittlerweile auch in Portugal verbreitet und es gibt Angebote in allen Landesteilen.

Pousadas

Die ehemals staatlichen Hotels sind heute privatisiert und von großen Hotelketten übernommen worden, was die Zimmerpreise leider etwas verteuert hat, aber manchmal kann man auch noch günstige Angebote finden. Pousadas sind Luxushotels, die sich häufig in historischen

Gebäuden, wie z.B. alten Burgen, Schlössern oder Herrenhäusern befinden. Ausnahmslos sind sie schön gelegen, meist außerhalb der Ortschaften. Die Preise für ein Doppelzimmer liegen bei ca. 120-400 Euro, je nach Saison und Ausstattung. Auf der mehrsprachigen Webseite www.pousadas.pt, findet man alle Häuser, die es gibt, und kann Zimmer reservieren.

Solares de Portugal

Die Begriffe Solares und die Bezeichnung TR, stehen für „Turismo no Espaço Rural" (Urlaub auf dem Land). Von der Übernachtung in palastähnlichen Herrenhäusern bis zum Urlaub auf dem Bauernhof reicht hier die Palette.

Auch diese Häuser sind meist ausnahmslos schön und außerhalb von Ortschaften gelegen.

Informationen über Pousadas und Solares bekommt man in Portugal bei den Touristeninformationsbüros oder über Reiseveranstalter. Die Preise für ein Doppelzimmer liegen bei ca.

Pousada bei Viana do Castelo

30-200 Euro und mehr, je nach Saison und Ausstattung. www.solaresdeportugal.pt, ist das dreisprachige Portal für diese Art der Unterkünfte, hier kann man sich über die Häuser informieren und Reservierungen vornehmen.

Für Pousadas und Solares gilt leider, dass sie mit öffentlichen Verkehrsmitteln in der Regel nur schwer oder gar nicht zu erreichen sind. Ausnahmen sind z. B. die Pousadas in

Azulejos

Azulejo kommt aus dem Arabischen und bedeutet soviel wie *bunter Stein*.

Azulejos sind bemalte Kacheln persischen Ursprungs, die vermutlich mit den Mauren nach Portugal kamen. Ursprünglich wurden sie nach islamischer Tradition in reiner Ornamentik und blau-weiß gestaltet. Heute findet man Azulejobilder überall in Portugal. Sie sind zu einem Wahrzeichen des Landes geworden. Schon lange hat man mit der islamischen Tradition gebrochen und bunte Darstellungen aller möglichen Alltagssituationen oder historischer Ereignisse in Szene gesetzt.

Nicht nur historische Gebäude und Plätze sind damit geschmückt, immer wieder findet man auch moderne Varianten, die ihren Vorbildern in nichts nachstehen.

Modernes Azulejobild in Ponte de Lima

Braga, Guimarães, Valença, Viana do Castelo und Viseu.

Jugendherbergen (Pousadas de Juventude)

Die Jugendherbergen in Portugal sind einfach, aber sauber, und es gibt keine Altersbegrenzung. Teilweise gibt es sogar Einzel- und Doppelzimmer, die allerdings nicht unbedingt billiger als Pensionen sind. Auf der Webseite www.pousadasjuventude.pt findet man alle Jugendherbergen, die es in Portugal gibt, und kann auch gleich ein Zimmer oder Bett buchen.

Hostels

Hostels sind praktisch private Jugendherbergen in denen es zwar auch keine Altersbegrenzung gibt, die sich aber eher an ein jüngeres Publikum richten. Hier kann man günstig in Einzel- Doppel- oder Mehrbettzimmern übernachten. www.portuguese.hostelworld.com, ist die portugiesische Webseite für Informationen und Reservierung aller Hostels in Portugal.

Campingplätze

Campingplätze gibt es an der Küste fast überall, teilweise aber auch im Landesinnern und in Städten. Sie sind meist schön gelegen und gut ausgestattet. Für manche Plätze braucht man einen Campingausweis. Wild Zelten ist überall verboten und wird bestraft.

www.roteiro-campista.pt, ist das Portal für Camper in Portugal.

Hotels und Pensionen der höheren Kategorie kann man auch von seinem Heimatort aus über Reisebüros buchen. Im Internet bei einschlägigen Anbietern hat man das breitgefächerteste Angebot *(siehe auch: www.nordportugal.de)*. Ob Internet oder Reisebüro, meist bekommt man dort günstigere Preise als vor Ort.

Baden

In Nordportugal gibt es viele tolle Strände, leider ist das Wasser des Atlantiks die meiste Zeit des Jahres hier ziemlich kalt. Dafür hat man aber oft eine starke Brandung, die den Körper erwärmt.

An bewachten Stränden weht bei ungünstigen Strömungs- oder Windverhältnissen eine rote Fahne, die signalisiert, dass man besser nicht ins Wasser geht.

Auch die vielen Stauseen im Land bieten tolle Möglichkeiten zum Baden ebenso wie die Schwimmbäder, die es zahlreich in Portugal gibt.

Nackt baden ist überall verboten, außer an extra gekennzeichneten Stränden. Ignoriert man es, kann es teuer werden ...

Geld

In Portugal gilt der EURO, am besten haben es Inhaber einer EC-Karte oder einer gängigen Kreditkarte. Damit kann man an Geldautomaten, den so genannten "Multibancos", die zahlreich vorhanden sind, täglich bis zu 200 Euro abheben. Manchmal funktionieren sie auch nicht und behaupten sogar, dass Ihre Bank die Auszahlung ablehnt: keine Panik, einfach an den Nächsten gehen.

Auf jeden Fall ist es keine schlechte Idee ein gewisse Summe an Bargeld mit zu nehmen, da die Gebühren an den Geldautomaten zum Teil erheblich sind.

Natürlich kann man auch überall in Banken und Wechselstuben, zum Teil auch an Automaten, Bargeld anderer Währungen in Euro umtauschen.

Preise

Die Zeiten, in denen für nordeuropäische Touristen Portugal wegen der niedrigen Preise ein Einkaufsparadies war, sind vorbei. Nur noch ganz wenige Dinge des alltäglichen Gebrauchs, wie z.B. Schuhe, Kaffee oder Alkoholisches kann man vergleichsweise günstig erstehen.

Auch in Restaurants haben die Preise mächtig angezogen. Was die Rechnung noch rettet, sind die vergleichsweise günstigen Getränke. Hierfür bezahlt man im Schnitt 25%-50% weniger als für Vergleichbares im deutschsprachigen Raum.

Gesundheit

Portugals Gesundheitssystem ist – na reden wir nicht darüber ... Pflichtversicherte in Deutschland können sich mit der Internationalen Versicherungskarte in staatlichen Krankenhäusern und bei Vertragsärzten bis auf kleine Zuzahlungen kostenlos behandeln lassen. Zahnärzte sind aber nicht mit eingeschlossen. Bei kleineren Blessuren wird einem auch in Apotheken (prt. farmácia) geholfen, diese sind mit einem grünen Kreuz gekennzeichnet. (Vertragsärzte und Krankenhäuser bitte beim örtlichen Turismo oder im Hotel erfragen). Viele Krankenkassen geben eine kostenlose Broschüre über den Krankheitsfall im Ausland heraus. Eine zusätzliche

Reiseversicherung ist empfehlenswert, damit man auf private Versorgung und eventuellen kostenneutralen vorzeitigen Rücktransport zurückgreifen kann.

Auf www.urlaubsortarzt.de findet man Adressen deutschsprachiger Ärzte in Portugal.

Im Café

Wer es versäumt hat, in seinem Portugalurlaub in ein Café zu gehen und einen Espresso oder Milchkaffee (Galão) zu trinken, der war eigentlich gar nicht wirklich in Portugal. Hier gibt es den besten Kaffee der Welt und Kuchen in unzähligen Variationen. An kalorienhaltigen Zutaten wie Eier, Butter und natürlich Zucker wird dabei nicht gespart.

Wer seinen Kaffee im Stehen am Tresen trinkt, bekommt ihn etwas billiger als am Tisch. Und wer lieber vor dem Café sitzt, muss noch einen kleinen Aufschlag zahlen.

Für Teetrinker sieht es in Portugal nicht so gut aus, den besten Tee der Welt findet man dort ganz bestimmt nicht.

Im Restaurant

Restaurants und Cafés muss man in Portugal nicht suchen, sie sind in allen Orten in ausreichender Anzahl vorhanden. Portugiesen lieben es auszugehen und machen davon auch reichlich Gebrauch.

Die Küche Portugals ist traditionell sehr fleischbetont. Das Nationalgericht ist allerdings ein Fischgericht, der so genannte Bacalhau (Stockfisch) . Hierbei handelt es sich um getrockneten Kabeljau, der durch Einlegen in Wasser wieder genießbar gemacht wird und danach wie frischer Fisch verarbeitet werden kann. Es gibt ihn in mindestens 300 Variationen von schlicht gegrillt bis zur Zubereitung mit raffinierten Soßen.

Vegetarier haben es schwer in Portugal. Vegetarische Gerichte sind auf Speisekarten eher die Ausnahme. Da Portugiesen aber freundliche Menschen sind, ist man bestimmt immer bereit, etwas Fleischloses zusammenzustellen.

In größeren Orten gibt es mittlerweile auch das ein oder andere vegetarische Restaurant und man kann natürlich auch beispielsweise auf italienische Restaurants ausweichen oder in modernen Einkaufszentren die Kantinen aufsuchen. Dort findet auch der Vegetarier alles, was das Herz begehrt.

Ist man in einem portugiesischen Restaurant, so bekommt man meistens ungefragt

Brot und allerlei Vorspeisen auf den Tisch gestellt. Diese sind allerdings nicht im Preis inbegriffen. Nascht man davon, so muss man sie bezahlen. Das kann manchmal zu Missverständnissen führen.

Der Service ist im Preis enthalten. Ein Trinkgeld wird nicht erwartet, aber jeder freut sich natürlich darüber, 10% sind angemessen.

Reisen mit Kindern

Auch in Portugal gehen die Geburtenraten zurück, jedoch auf einem vergleichbar niedrigen Niveau. Portugal ist ein kinderfreundliches Land. Niederflurbusse oder -Straßenbahnen sind hier zwar weitgehend unbekannt, die neuen U-Bahnen und Suburbanos sind aber kinderwagengerecht. Außerdem hat, wer in Portugal mit Kindern reist, die freundlichen und hilfsbereiten Menschen immer auf seiner Seite. Viele Hotels und Pensionen geben 100% Kinderrabatt.

Reisen mit Handicap

Für Reisende mit Handicap gilt das gleiche wie mit Kindern, Niederflurbusse oder -Straßenbahnen sind hier zwar weitgehend unbekannt, die neuen U-Bahnen und Suburbanos verfügen aber über diese Einrichtungen. Auch die meisten neueren Hotels haben rollstuhlfreundliche Einrichtungen.

Frauen alleine unterwegs

Portugiesische Männer sind in puncto Frauenanmache zwar etwas zurückhaltender als ihre mediterranen Geschlechtsgenossen, doch sind auch sie von weltlicher Natur.

Die portugiesische Gesellschaft ist eher konservativ geprägt, und eine Portugiesin würde es z. B. nicht einfallen, alleine in eine Bar oder Diskothek zu gehen. Gewagt und vor allem sehr unerwünscht wäre es auch, außer an FKK-Stränden, oben ohne oder gar nackt am Strand zu liegen. *(Siehe auch: Baden, Seite 82)*

Mit dem Taxi

Taxis sind in Portugal relativ günstig, innerhalb von Städten fahren sie mit Taxameter, für größere Entfernungen kann man den Preis frei verhandeln. Schaltet der Taxifahrer bei einer Stadtfahrt den Taxameter nicht ein, ist er entweder vergesslich oder ein Betrüger. In solchen Fällen gleich fragen, was die Fahrt kostet und gegebenenfalls wieder aussteigen. Früher musste man für Gepäck extra bezahlen. Das ist heute zwar nicht mehr üblich, aber es gibt noch Traditionalisten. Möchte man sicher gehen, so muss man auch danach fragen.

Wandern

Der Norden Portugals ist ein ideales Ziel für wanderfreudige Touristen. Der immer beliebter werdende portugiesische Jakobsweg „Caminho Portugues Santiago", führt im Norden von Viseu bis nach Santiago de Compostela und hat viele interessante Nebenrouten.

Abseits davon gibt es in allen Landesteilen jede Menge andere schöne Wanderwege. Egal wo man wandert gilt: gutes Schuhwerk, Verpflegung und vor allem genügend Wasservorräte sollten immer dabei sein.

Portugal im Internet

www.visitportugal.com/de ist die Seite der Tourismusbehörde Portugals. Hier findet man viele Informationen, Fotos und Videos über das Land. Fast jeder Ort in Portugal hat auch seine eigene Webseite, diese sind allerdings in der Regel ausschließlich in portugiesischer Sprache auf www.nordportugal.de finden Sie viele Links zu diesen Seiten.

So gut wie in jedem Hotel und den meisten Pensionen ist kostenloses WLAN vorhanden, häufig allerdings nur in der Lobby, aber die Verbindungen sind meistens recht gut.

Auch in vielen Cafés und auf öffentlichen Plätzen gibt es Hot Spots um ins Internet zu gelagen und manche Touristeninformationsbüros bieten ebenfalls diesen Service an.

Ein großes Internetcafé gibt es in Porto „onweb", in der Avenida dos Aliados wenige Meter neben dem Touristeninformationsbüro.

www.juventude.gov.pt ist das portugiesische Portal für Jugendliche in Portugal. Dort wird man über alle möglichen Veranstaltungen, Sport, Kultur ec. informiert. Die Seite ist zwar nur auf Portugiesisch, aber wer irgendwann mal wenigstens angefangen hat eine romanische Sprache zu lernen kann sich schon darauf zurecht finden ...

Sicherheit

Portugals Kriminalitätsrate ist in Europa eher unter dem Durchschnitt, aber auf seine Sachen sollte man trotzdem immer gut aufpassen, vor allem da, wo viele Menschen unterwegs sind. Gelegenheit macht auch hier Diebe, und letztendlich machen nicht nur Einheimische lange Finger.

In größeren Städten sollte man allerdings, wenn man alleine unterwegs ist, dunkle Gassen meiden. Einen Nachtspaziergang durch die engen Gassen der Ribeira oder des Baredos in Porto, sollte man auf Empfehlung der Einheimischen nur in einer Gruppe von mindestens drei Leuten unternehmen.

Notruf:
Polizei: 112 | Feuerwehr (Waldbrand) 117

Ländervertretungen

Deutsches Konsulat in Porto, Avenida Sidenio Pais, Tel. +351 22 610 8122

Östreichisches Konsulat in Porto, Rua Agostinho da Silva Rocha 844, 4475-451 Nogueira – Maia, Tel +351 933 147 504 *(Liegt außerhalb der Stadt)*

Schweizer Konsulat in Porto, R. da Ponte, 440, Rio Tinto, Tel. +351 224 853 650

Zum Schluss

Bei der Recherche für diesen Reiseführer habe ich mir alle erdenkliche Mühe gegeben so genau und aktuell wie möglich zu sein.

Alle nötigen Fahrten habe ich selbst mit öffentlichen Verkehrsmitteln zurückgelegt um die Informationen aus erster Hand zu bekommen.

Aber in Portugal und ganz besonders im Norden, ändern sich die Dinge schnell so dass es unmöglich ist immer 100% richtig zu liegen.

Wo heute noch ein einsamer Strand war, kann morgen schon ein riesiges Hotel stehen, eine neue Straße gebaut oder ein altes Hotel abgerissen sein. Bahnstrecken werden stillgelegt oder stillgelegte wieder aktiviert, Buslinien werden eingestellt oder neu befahren u.s.w.

Auf jeden Fall übernehme ich keinerlei Haftung, alle Angaben sind ohne Gewähr.

Über Kritik und Anregungen zu diesem Buch würde ich mich sehr freuen , schreiben Sie mir unter E-Mail: redaktion@nordportugal.de

Viel Spaß mit diesem hoffentlich hilfreichen Reiseführer und einen angenehmen Aufenthalt in Nordportugal!

Bernd Lübbers, Januar 2020